高等职业教育新形态一体化规划教材
（汽车机电技术系列）

发动机电控系统构造与检修

主　编　刘　威
副主编　王　建　刘琳娇
参　编　关云霞　谭小锋
主　审　缑庆伟

机械工业出版社

本教材内容包括发动机电控系统构造认知、发动机电控系统传感器的结构及工作原理、进气系统的结构及工作原理、燃油喷射系统的结构及工作原理、点火系统的结构及工作原理、排放控制系统的结构及工作原理和缸内直喷发动机的结构及工作原理。

本教材的一大特点是在使用方法上灵活多样，由于主教材和实训工作页在教学内容上一一对应，所以可以适合不同教学模式的高职院校使用。在本教材中针对每个工作任务都收集了实际的故障案例，实训内容都经过了作者和维修人员的实际验证，这一点体现了工作任务的真实性，因此本书不失为一本较好的汽车维修技术教材。

本教材不仅可以作为高职高专汽车检测与维修技术专业、汽车技术服务与营销专业的专业课教材，也可以作为中职的参考教材，对从事汽车维修和管理的工作人员也有参考价值。

本教材配有电子课件，可以登录机械工业出版社教材服务网www.cmpedu.com 注册下载。咨询邮箱 cmpgaozhi@sina.com。咨询电话010-88379375。

图书在版编目（CIP）数据

发动机电控系统构造与检修/刘威主编. —北京：机械工业出版社，2018.7

高等职业教育新形态一体化规划教材. 汽车机电技术系列

ISBN 978-7-111-61298-8

Ⅰ.①发… Ⅱ.①刘… Ⅲ.①汽车-发动机-电子系统-控制系统-构造-高等职业教育-教材②汽车-发动机-电子系统-控制系统-检修-高等职业教育-教材 Ⅳ.①U472.43

中国版本图书馆 CIP 数据核字（2018）第 248719 号

机械工业出版社（北京市百万庄大街22号　邮政编码100037）
策划编辑：蓝伙金　王淑花　责任编辑：张双国　蓝伙金　张丹丹
责任校对：郑　婕　　　　　封面设计：鞠　杨
责任印制：张　博
北京铭成印刷有限公司印刷
2019年2月第1版第1次印刷
184mm×260mm·18.5印张·471千字
0001—3000册
标准书号：ISBN 978-7-111-61298-8
定价：59.00元

凡购本书，如有缺页、倒页、脱页，由本社发行部调换

电话服务	网络服务
服务咨询热线：010-88379833	机工官网：www.cmpbook.com
读者购书热线：010-88379649	机工官博：weibo.com/cmp1952
	教育服务网：www.cmpedu.com
封面无防伪标均为盗版	金 书 网：www.golden-book.com

出版说明

教育部《关于全面提高高等职业教育教学质量的若干意见》指出，高职教育改革教学方法和手段应融"教、学、做"于一体，强化学生能力培养的教学模式，代表了高职教学改革的发展方向。

教材是教学过程的主要载体，加强教材建设是深化教学改革的有效途径，推进人才培养模式改革的重要条件，也是保障教学基本质量、培养高端技能型人才和技术应用型人才的重要基础。

本套教材是作者团队通过总结20多年的汽车企业检测与维修的经验，结合德国双元制教育模式和理念创作完成的，借鉴德国汽车职业教育理念和培养模式。具有理论与实践相结合的鲜明特色，具有很强的实践性、实用性，充分地实现了德国双元制教育的本土化。

1. 培养目标说明

从职业分析入手，对职业岗位进行能力分解（包括倾听客户抱怨、技术咨询、故障检测、专业工具和仪器设备操作、故障诊断、维修保养），确定高职汽车检测与维修专业的培养目标是，面向汽车"后市场"，培养具有与本专业相适应的水平，具备本专业的理论知识、实践技能以及较强的实际工作能力和经营管理能力，德、智、体、美等方面全面发展的高等技术应用型人才。

（1）**一般能力** 包括智商和情商，智商包括记忆力、思维能力、逻辑推理能力、空间想象能力、表达能力等；情商包括情绪控制能力、自我控制能力和人际交往能力。

（2）**专业技能** 专业技能主要通过专业课学习、培训开发转化而成，专业课应以岗位工作任务为依据、项目为导向、任务驱动为原则构建教学内容，采取"教、学、做"一体化来开展教学活动，并重视通过校企合作、工学交替、顶岗实习等人才培养模式改革来培养和提高专业技能。

① 一般专业能力是应用能力、汽车阅读能力、汽车驾驶能力。

② 核心专业能力是汽车拆装、检查、修理能力，汽车故障诊断能力，汽车性能检测能力，汽车维修企业管理能力。

（3）**综合能力** 综合能力是一般能力和专业技能的综合运用能力，是解决复杂问题的能力的必要手段，既涉及特定的专业综合能力，又涉及跨专业的职业核心能力。

1）专业综合能力

① 专业地使用有关维修工具、诊断系统、测量仪、信息系统。

② 能按照电路图和工作说明进行操作作业，会选取材料和备件并完成订购过程；熟练地拆卸和安装部件、总成，并对不同部件进行维修。维修时采取质量保证措施，保持工位的有序（5A）和整洁（5S）。

③ 能独立制订工作计划并进行实施，使工作过程可视化。遵守有关工作、安全规定和环保法规。能够查找资料与文献以取得有用的知识。

④ 能处理优惠和索赔委托任务。

2）专业的职业核心能力

跨专业的职业核心能力包括信息处理能力、沟通能力、组组协调能力和创新能力。

① 信息处理能力，即对信息的识别、整合和加工的能力。

② 沟通能力，是指人在交往过程中所表现出来的联络与协调能力。

③ 组织协调能力，是指从工作任务出发，对资源进行分配、调控、激励、协调，以实现工作目标。

④ 创新能力，是指创造新事物和新方法的一种心理品质。近年来我国大力提倡教育要培养具有创新精神、创新意识和创新能力的人才。有必要在有关课程和教学活动中引导、培养创新创业、技改意识和能力，养成勤用脑、多用手、大胆想、敢突破的创新精神和能力。

2. 资源说明

本套教材围绕职业教育"教、学、做"三个服务维度开发。每本教材由课堂教材和工作页两部分组成。课堂教材部分主要由构造、原理和检修内容组成；课后习题包括填空题、判断题、选择题和回答题以及工作任务步骤题，以此评价学习是否达标；工作页部分则注重流程和方法。

本套教材在内容选材、编写、呈现方式等方面加强精品化建设。本套教材采用双色印刷，同时配有教学课件、微视频/动画、习题答案等教学资源，为教、学、练、考提供便利。

纸质教材 包含课堂教材和工作页（实训指导），融"教、学、做"于一体。工作页包含知识工作页和实训工作页，大多采用通用设备和车型，以适应更多的学校使用。课后习题结合课堂教材和工作页的内容对学生进行进一步的知识扩展和强化。

教学课件 供教师上课、学生课前预习和课后复习使用，可以登录机械工业出版社教材服务网 www.cmpedu.com 注册下载。咨询邮箱 cmpgaozhi@sina.com。咨询电话：010-88379375。

习题答案 每个项目都配课后习题解答，供做作业时参考。

机械工业出版社

前言

　　本教材是汽车检测与维修技术专业的核心课程，按照教育部高职高专教育培养目标及精品课程建设要求，参考国家职业资格标准，邀请企业、行业和一些院校专家对汽车后市场人才需求进行多次研讨，结合长期一线教学工作经验确定了本教材的设计思路。

　　本教材的设计以当代汽车发动机电控系统的主流技术及其检修方法为出发点，加入发动机电控系统的新技术内容，按照汽车维修职业岗位应掌握的技能和知识，进行任务式教学。教学内容包括发动机电控系统构造认知、分为主教材和实训工作页，每个模块由若干个理论工作任务和实训工作任务组成。主教材每个模块都配有相应的习题和工作页形式的综合技能题。

　　理论模块按发动机电控系统的部件或控制功能划分理论工作任务，以保证知识和技能的系统性。理论模块加入了小知识、课堂互动、案例分析和课后习题等环节，丰富了教学内容。

　　实训模块与理论模块一一对应，实训的工作任务按照计划—实施—总结—评价的流程进行教学。在计划环节设计了工作任务计划表；在实施环节设计了学生要完成的具体实践操作项目单，引导学生完成必要的检测和诊断工作；在评价环节引入了德国IHK机电师的评价单，便于完成任务后教师对学生进行更好的评价，通过这样的设计可以辅助教师更好地完成教学。

　　实训模块的另一个特点是每个工作任务都经过作者或维修人员的实际验证，某些操作环节加入了大量的实际检测图片，体现了工作任务的真实性。

　　本教材不仅可以作为高职高专汽车检测与维修技术专业、汽车技术服务与营销专业的专业课教材，也可以作为中职的参考教材，对从事汽车维修和管理的工作人员也有参考价值。

　　本教材由刘威任主编，王建、刘琳娇任副主编，关云霞、谭小锋等参加了编写。

　　由于本教材编写水平有限，书中错误在所难免，恳请读者批评指正。

编　者

目录

出版说明
前 言
模块一 发动机电控系统构造认知 1
  单元一 发动机电控系统的类型 2
  单元二 发动机电控系统的功能及组成 4
模块二 发动机电控系统传感器的结构及工作原理 13
  单元一 曲轴位置传感器和凸轮轴位置传感器结构和工作原理 14
  单元二 进气压力传感器和空气流量计的结构与工作原理 22
  单元三 节气门位置传感器、加速踏板位置传感器的结构及工作原理 26
  单元四 冷却液温度传感器的结构和工作原理 35
  单元五 氧传感器和三元催化器的结构和工作原理 39
  单元六 爆燃传感器的结构和工作原理 48
模块三 进气系统的结构及工作原理 53
  单元一 可变进气道的结构及工作原理 54
  单元二 可变气门正时和升程的结构及工作原理 60
  单元三 增压系统的结构及工作原理 70
模块四 燃油喷射系统的结构及工作原理 83
  单元一 燃油喷射的相关概念 83
  单元二 燃油供给系统元件结构及工作原理 89
模块五 点火系统的结构及工作原理 99
  单元一 点火系统的相关概念 100
  单元二 点火系统主要元件及工作原理 104
模块六 排放控制系统的结构及工作原理 114
  单元一 燃油蒸发控制系统的结构及工作原理 115
  单元二 废气再循环系统 120
  单元三 曲轴箱通风系统的结构及工作原理 123
  单元四 二次空气喷射系统的结构及工作原理 129
模块七 缸内直喷发动机的结构及工作原理 133
  单元一 缸内直喷发动机进气系统的结构及工作原理 135
  单元二 缸内直喷发动机燃油系统的结构及工作原理 141
参考文献 150

模块一

发动机电控系统构造认知

引言

本模块是学习发动机电控系统构造与检修的第一课,力求为学习发动机控制系统建立感性认识。通过完成若干个任务,使学生熟悉发动机电控系统结构和维修的相关知识。这样学生在学习时,能够提高学生的学习兴趣,容易取得好的学习效果。

学习目标

1. 当前市场上电控发动机的主要类型。
2. 电控发动机的主要功能和优点。
3. 电控发动机的核心概念。
4. 空燃比与过量空气系数。
5. 工况的概念。
6. 闭环控制系统的相关知识。

!!! 小知识

全球十佳发动机

全球十佳发动机又称为沃德十佳发动机,是美国权威杂志《Ward's Auto World》杂志社创立的榜单。通过对美国本土销售的车型进行了接近日常驾驶状况的测试后,根据每台发动机的功率、转矩和技术含量,以及实际使用中表现出来的工作特性进行全面评估,最终选出十台综合表现最好的发动机。这份评选名单始于1994年,在每年年末发布。同时,沃德杂志还有《十佳汽车内饰》年度榜单。

其全球十佳发动机的评选过程,有着非常明确的规则,因此非常具有权威性和参考价值,首先获得提名的发动机必须是批量生产的,而且所装备的汽车开始销售的时间也有明确的规定。同时为了保证评选的十佳发动机能够反映出主流趋势并且适合于广大汽车工业,参评的发动机所装备的汽车售价需低于6万美元(1995年这一标准是5万美元)。每一届评选都要经历大约两个月的时间,评选方法也是非常细致和特别,不采用工具测试,而是通过日常的驾驶来对所有发动车进行评估。评选的重要依据是发动机的燃油经济性、噪声、振动以及冲击等各项指标,此外,科技的创新性和动力性,特别是单位质量的输出功率(比质量)也是评选的重要指标之一。

单元一　发动机电控系统的类型

学习目标

1. 了解发动机电控系统的类型。
2. 了解各种发动机电控系统的优缺点。

课程准备

知识准备：汽车发动机构造原理。

一位客户来到4S店，准备买一辆车。销售顾问向他介绍发动机的类型，说这款车有缸内直喷的发动机，也有普通的吸气式发动机。如果你是销售顾问，你能解释这两款发动机的区别和各自的特点吗？

由于电子技术的飞速发展并在汽车上广泛应用，现代汽车上普遍采用电子控制系统控制发动机的工作。目前市场上发动机电控系统的形式对汽油机来说主要有歧管喷射式、缸内直喷式，对柴油发动机来说主要采用缸内直喷形式，此外还有混合动力等形式。

1. 歧管喷射式发动机电控系统

根据燃油的喷射位置，电控汽油发动机分为歧管喷射式（图1-1）和缸内直喷式两种形式。

电控汽油喷油系统，需要对进入发动机的空气量进行计量。根据对吸入空气量的检测方式不同，可分为直接和间接两类。直接检测方式又称为质量-流量方式，间接检测方式又分为速度-密度方式和节流-速度方式两种。

（1）速度-密度方式（D型电控系统）　采用速度-密度方式（D型电控系统）测量进气量是利用发动机转速与进气管压力的关系，间接测定吸入气缸的空气量，进而控制喷油量。其特点是在进气管道内装有一个绝对压力传感器来测量进气道内的绝对空气压力值。"D"是德文"压力"的第一个字母。D型电控系统的发动机如图1-2所示。

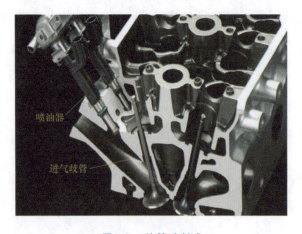

图1-1　歧管喷射式

图1-2　D型电控系统的发动机

由于进气管内的空气压力在波动,所以 D 型电控系统的测量精度稍微差些。但这种控制系统目前仍广泛应用在当前的电控发动机系统中。

(2) 质量-流量方式(L 型电控系统) 质量-流量方式(L 型电控系统)是采用空气流量计直接测量发动机进气量,因此控制精度要比 D 型系统更高。在 L 型电控系统中利用装在空气滤清器后的空气流量计(空气流量传感器)直接测量发动机吸入的进气量。目前轿车上主要采用热膜式空气流量计来测量空气流量。热膜式空气流量计安装位置如图 1-3 所示。L 型电控系统大部分结构与 D 型系统相似。"L"是德文"空气"的第一个字母。L 型电控系统的发动机如图 1-3 所示。

课堂互动:请说出 L 型和 D 型电控系统的区别。

2. 缸内直喷(FSI)式发动机电控系统

缸内直喷简称 FSI(Fuel Stratified Injection)就是将燃油喷油器安装于气缸内,直接将燃油喷入气缸内与进气混合。喷射压力也进一步提高,使燃油雾化更加细致,真正实现了精准地按比例控制喷油并与进气混合,并且消除了缸外喷射的缺点。同时,喷油器位置、喷雾形状、进气气流控制,以及活塞顶形状等特别的设计,使油气能够在整个气缸内充分、均匀地混合,从而使燃油充分燃烧,能量转化效率更高。缸内直喷发动机供油系统如图 1-4 所示。

3. 柴油机共轨喷射发动机

目前柴油机多采用共轨喷射方式,共轨式电控燃油喷射技术通过共轨直接或间接地形成恒定的高压燃油,分送到每个喷油器,并借助于集成在每个喷油器上的高速电磁开关阀的开启与闭合,定时、定量地控制喷油器喷射至柴油机燃烧室的油量,从而保证柴油机达到最佳的燃烧比和良好的雾化,以及最佳的点火时间、足够的点火能量和最少的污染排放。

目前世界上主要有三大公司在研发和生产柴油机高压共轨系统,日本电装、德国博世和美国福特。博世共轨柴油发动机如图 1-5 所示。

图 1-3 L 型电控系统的发动机

图 1-4 缸内直喷发动机供油系统

图 1-5 博世共轨柴油发动机

课堂互动：1. 请上网查询使用柴油高压共轨发动机的自主品牌。
2. 请说出缸内直喷发动机有哪些优点？

单元二　发动机电控系统的功能及组成

学习目标

1. 了解电控发动机系统的功能。
2. 了解电控发动机系统的组成。
3. 了解电控发动机的诊断原理。

课程准备

知识准备：汽油发动机的四个工作循环、发动机的示功图、发动机的功率转矩图。

2.1　发动机电控系统的功能

1. 发动机电控系统的总体说明

虽然不同形式的电控发动机具有不同的特点，但由于都具有以下的优点，因此在汽车工业中都得到了广泛应用。

1）提高了发动机的输出功率和转矩。电控汽油喷射系统对进气系统进行了较大的改进设计，减小了进气阻力，提高了充气效率，进一步提高了燃烧效率，使发动机的输出功率和转矩得以提高。

2）降低了汽油消耗。它具有各种各样的精确修正功能和高精度的空燃比控制性能，能提供各种工况下最适当的空燃比，且汽油是以一定压力下喷射的，其混合气雾化好，各缸供油均匀，汽油利用率提高，降低了汽油消耗。

3）减少了排放污染。它采用了闭环控制空燃比，燃烧效率提高，燃烧完全，又采用了废气再循环和三元催化转化等措施，进一步降低了发动机排放污染。

4）改善了使用性能。以ECU（电控单元）为控制中心的电子控制系统，使车辆在加速、减速和低温起动的过渡过程中，空燃比响应速度快，反应灵敏，发动机的使用性能得到提高。

2. 对发动机电控系统的要求

1）必须满足防污染排放法规。
2）必须满足客户易于操作的要求。
3）必须是最少的保养和具有最高的可靠性。
4）必须具有平顺的驾驶性能。
5）必须有尽可能好的燃油经济性。
6）必须有尽可能高的动力性。
7）必须有尽可能的安静。

课堂互动：1. 请说出电控发动机系统的优点。
2. 请查询电控发动机的发展历史。

3. 发动机电控系统的诊断功能

根据各个国家不同法律体系的要求,发动机控制模块 ECU 还配有随车诊断装置。为满足这些法规的要求,该系统可以监测和报告可能引起排放超标的任何故障。采用发动机控制系统的目的是使发动机的工作性能在发动机的整个工作和使用寿命范围内都保持最佳水平。发动机控制模块 ECU 可提供包括燃油、点火时间、怠速控制和排放控制在内的随车诊断功能。如果发生故障,发动机控制模块 ECU 将保存相关的故障码。

2.2 发动机电控系统的组成

发动机电控系统由传感器、发动机控制单元和执行器三个部分组成,如图 1-6 所示。它是采用传感器监测发动机有关系统的工作状况,并将相关信息传给 ECU,ECU 经过分析、运算和判断后,发送指令给执行机构,从而使相关系统的工作状况达到最佳。

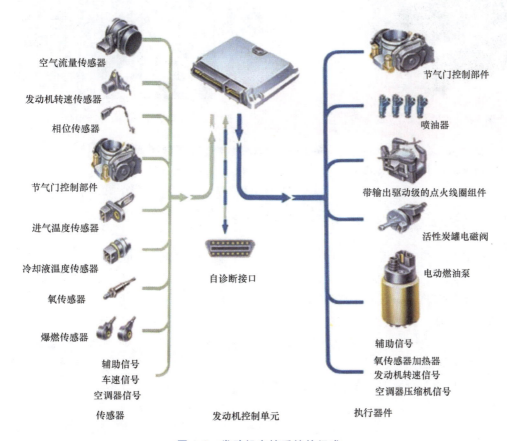

图 1-6 发动机电控系统的组成

1. 传感器的功能

传感器是汽车 ECU 系统的输入装置,它把汽车运行中各种工况信息,如车速、各种介质的温度和发动机运转工况等,转化成电信号输给 ECU,以便发动机处于最佳工作状态。输入信号通过导线束和连接插头传输给控制单元,输入信号有不同的形式。

输入发动机 ECU 的信号一般有两种,一种是模拟信号,一种是数字信号。

空气质量、蓄电池电压、进气管压力和增压压力、冷却液温度和进气温度都是模拟输入信号。这些信号通过模-数转换器（A-D）转换为数字信号。

开关信号（打开/关闭）和霍尔传感器的转速脉冲是数字输入信号。这些信号具有内部计算形式，即1（高）和0（低）这两种状态都可以由ECU直接处理。

2. 发动机ECU的功能

发动机ECU是发动机电子控制系统的核心。它由微处理器（CPU）、存储器（ROM、RAM）、输入/输出接口（I/O）、模-数转换器以及整形、驱动等大规模集成电路组成。ECU的功用是根据其内存的程序和数据对各种传感器输入的信息进行运算、处理和判断，然后输出指令，向驱动执行元件工作。ECU由微处理器、输入、输出及控制电路等组成。发动机ECU的外观及内部组成如图1-7及图1-8所示。

图1-7 发动机ECU的外观

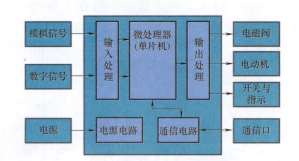

图1-8 发动机ECU的内部组成

发动机ECU由输入电路、微处理器和输出电路三部分组成。

输入电路接收传感器和其他装置输入的信号，对信号进行过滤处理和放大，然后转换成一定伏特的输入电平。从传感器送到ECU输入电路的信号既有模拟信号也有数字信号，输入电路中的模-数转换器可以将模拟信号转换为数字信号，然后传递给微处理器。

微处理器将上述已经预处理过的信号进行运算处理，并将处理数据送至输出电路。

输出电路将数字信息的功率放大，有些还要还原为模拟信号，使其驱动被控的调节伺服元件工作。

微处理器是ECU的核心部分，它具有运算与控制的功能，发动机在运行时，它采集各传感器的信号，进行运算，并将运算的结果转变为控制信号，控制被控对象的工作。它还实行对存储器（ROM、RAM）、输入/输出接口（I/O）和其他外部电路的控制。

存储器ROM中存放的是经过精确计算和大量试验取得的数据，这个固有程序在发动机工作时，不断地与采集来的各传感器的信号进行比较和计算。把比较和计算的结果控制发动机的点火、空燃比、急速、废气再循环等多项参数。它还有故障自诊断和保护功能，当系统产生故障时，它还能在RAM中自动记录故障码并采用保护措施，从上述的固有程序中读取替代程序来维持发动机的运转，使汽车能开到修理厂。

正常情况下，RAM也会不停地记录行驶中的数据，成为ECU的学习程序，为适应驾驶习惯提供最佳的控制状态，这个程序也叫作自适应程序。但由于是存储于 RAM 中，就像故障码一样，一旦去掉，蓄电池失去供电，所有的数据就会丢失。

目前，在一些中高级轿车上，不但在发动机上应用 ECU，在其他许多地方都可发现 ECU 的踪影。例如防抱死制动系统（ABS）、电控自动变速器、主动悬架系统、安全气囊系统和多向可调电控座椅等都配置有各自的 ECU。为了简化电路和降低成本，汽车上多个 ECU 之间的信息传递就要采用一种称为多路复用通信网络技术，将整车的 ECU 形成一个网络系统，也就是 CAN 数据总线。

3. 执行器的功能

执行器是 ECU 动作命令的执行者，主要是各类机械式继电器、直流电动机、步进电动机、电磁阀或控制阀等执行发动机 ECU 指令的部件。

课堂互动： 1. 请说出发动机电控系统的组成。

2. 请说出发动机 ECU 的组成以及各部分的功能。

2.3 电控发动机的相关概念

1. 空燃比

空气的英文是 Air，燃油的英文是 Fuel，可燃混合气中空气质量与燃油质量之比为空燃比，表示方式为 A/F。空燃比是发动机运转时的一个重要参数，它对尾气排放、发动机的动力性和经济性都有很大的影响。

2. 理论空燃比

理论空燃比，即将燃料完全燃烧所需要的最少空气和燃料质量之比。燃料的组成成分对理论空燃比的影响不大，汽油的理论空燃比大体约为 14.7，也就是说，燃烧 1kg 汽油需要 14.7kg 的空气。

一般常说的汽油机混合气过浓过稀，其标准就是理论空燃比。当空燃比小于理论空燃比时，混合气中的汽油含量高，称为过浓；当空燃比大于理论空燃比时，混合气中的空气含量高，称为过稀。当混合气略微过浓时，即空燃比为 13.5~14 时汽油的燃烧最好，火焰温度也最高。因为燃料多一些可使空气中的氧气全部燃烧。而从经济性的角度来讲，混合气稀一些时，即空燃比为 16 时油耗最小。因为这时空气较多，燃料可以充分燃烧。从发动机功率上讲，当混合气较浓时，火焰温度高，燃烧速度快，当空燃比界于 12~13 范围内时，发动机功率最大。

3. 过量空气系数

过量空气系数用符号 λ 表示，它是表示混合气浓度的另一个概念。

$$\lambda = 实际空气供给量/理论空气需求量$$

（1）$\lambda=1$　实际空气量与理论空气需求量相当，也就是理想情况 $\lambda=14.7:1$ 的理论燃油空气混合气（也称为空气与燃油的理想配比）。

（2）$\lambda<1$　当空气量不足时形成浓混合气。进气管喷射式汽油发动机在 $\lambda=0.95~0.85$ 时可以达到其最大功率。

（3）$\lambda>1$　当空气量过多时形成稀混合气。当 $\lambda>1$ 时，耗油量最低，同时功率降低。

（4）$\lambda>1.2$　混合气不易点燃。出现燃烧断火现象，发动机运转不平稳，耗油量增加，功率下降。当 $\lambda=0.9~1.1$ 时，可以同时实现最佳功率和理想的耗油量。

4. 发动机工况

发动机工况是发动机工作情况的简称，其主要参数是负荷和转速。汽车在行驶过程中的载荷、车速和路况等经常变化，因此汽车发动机工作时有以下特点：工况变化范围大，负荷可从 0 变到 100%，转速可从最低稳定转速变化到最高转速；在汽车行驶的大部分时间内，发动机在中等负荷下（部分负荷）工作。轿车发动机负荷经常是 40%～60%，而货车为 70%～80%。

发动机常见的工况有冷起动、暖机、怠速、部分负荷、满负荷和加速等工况。在不同的发动机工况下，混合气浓度必须采取修正措施。

(1) 冷起动 当冷起动时，空气燃油混合气由于不良的涡流、蒸发量少和低温时燃油附着在气缸壁上等原因而较稀，为了消除这些不利因素并便于发动机起动，必须多供给燃油。

(2) 暖机 起动后在低温阶段内还需要短时多提供燃油，以便抵消混合不充分和冷凝的影响。暖机运行阶段仍有燃油冷凝到冷态气缸壁上，因此发动机需要加浓混合气。

(3) 怠速 达到运行温度后就会为发动机提供理想配比的混合气。

(4) 部分负荷 在部分负荷范围内要遵循低有害物质排放和低燃油耗量的原则。这两个目标通过理想配比的混合气实现。

(5) 满负荷 满负荷是指发动机输出其最大转矩或最大功率。与部分负荷时相比则必须降低空燃比，空燃比降低取决于转速。

(6) 加速 当突然打开节气门时，混合气短时变稀，此时会出现加速停顿。因此加速时必须额外加浓混合气，以确保平稳过渡。

5. 尾气成分

(1) 一氧化碳（CO） 当空气不足（混合气浓）时，CO 的含量增加，$\lambda = 1$ 且混合气稀时其含量很小。CO 无色无味，它的毒性很大，在浓度大于 0.3 体积百分比时可致人死亡。

(2) 碳氢化合物（HC） HC 排放产生于空气不足（$\lambda < 1$）和空气过量（$\lambda > 1.2$）时。当 $\lambda = 1.1$～1.2 时，HC 排放量最小。HC 能产生典型的尾气臭味并可致癌。

(3) 氮氧化物（NO_x） NO_x 与过量空气系数 λ 的关系正好和 HC 排放相反。当空气不足时，NO_x 增大至最大值。当 $\lambda = 1.05$～1.1 时，则降到稀薄范围内。

NO_x 是无色气体，会强烈刺激呼吸道并在含量较高时导致麻痹现象，此外它也是形成臭氧的原因之一。燃烧室温度和压力较高时会产生 NO_x。

(4) 有害物质 当燃油空气混合气完全燃烧时，仅产生水蒸气和二氧化碳（CO_2）。当不完全燃烧时，就会产生由氮气（N_2）、CO_2、水（H_2O）和有害物质（约 1%～2%）组成的废气。汽油发动机尾气排放示意图如图 1-9 所示。

6. 闭环控制

闭环控制是控制论的一个基本概念。指作为

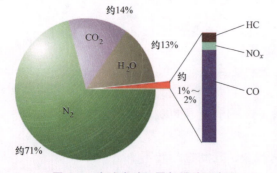

图 1-9 汽油发动机尾气排放示意图

被控的输出以一定方式返回到作为控制的输入端,并对输入端施加控制影响的一种控制关系。在控制论中,闭环通常指输出端通过"旁链"方式回馈到输入端。输出端回馈到输入端并参与对输出端再控制,这才是闭环控制的目的,这种目的是通过反馈来实现的。闭环控制在各种控制实例中有具体的表现方式,比如上面举的汽车发动机燃烧控制。

举例:调节水龙头——首先在头脑中对水流有一个期望的流量,水龙头打开后由眼睛观察现有的流量大小与期望值进行比较,并不断地用手进行调节形成一个反馈闭环控制。

7. 开环控制

如果系统的输出端与输入端之间不存在反馈,也就是控制系统的输出量不对系统的控制产生任何影响,这样的系统称为开环控制系统。在控制系统中,将输出量通过适当的检测装置返回到输入端,并与输入量进行比较的过程,就是反馈。因此,开环控制系统又称为无反馈控制系统。

举例:打开灯的开关——按下开关后的一瞬间,控制活动已经结束,灯是否亮起已对按开关的这个活动没有影响;投篮——篮球出手后就无法再继续对其控制,无论球进与否,球出手的一瞬间控制活动即结束。

课堂互动: 1. 请说出发动机过量空气系数对发动机性能的影响。
    2. 请说出在发动机电控系统中开环和闭环控制的例子。

2.4 发动机电控系统的自诊断功能

当发动机电控系统出现故障时,发动机 ECU 将会点亮仪表板上的发动机故障警告灯,(图 1-10),提醒驾驶人注意,发动机已出现故障,并将故障信息以故障码的形式存储到 ECU 中,通过一定程序,能将故障码及有关信息资料调出,供检修使用。

1. 自诊断系统工作原理

当发动机电控系统工作时,自诊断系统把检测到的非正常输入、输出信号作为故障信号,自诊断系统故障主要有以下几种:

1)当某一电路出现超出规定范围的信号时,故障诊断系统就判定该电路信号出现故障。

图 1-10 仪表盘上的发动机故障警告灯

如冷却液温度传感器正常时其输出电压信号在 0.1~4.8V 范围内变化。若冷却液温度传感器输出电压低于 0.1V(相当于冷却液温度高于 139℃)或高于 4.8V(相当于冷却液温度低于 -50℃)时,ECU 即判定为故障信号,存入存储器。

2)当发动机运转时,当 ECU 在一段时间里收不到某一传感器的输入信号或输入信号在一段时间内不发生变化,ECU 也判定为故障信号。

如发动机在正常工作温度下运转时,ECU 在 1min 以上检测不到氧传感器的输出信号或氧传感器的信号在 0.3~0.6V 范围内 1min 以上没有变化,即判定为氧传感器电路有故障。

3）在发动机正常工作中，如果偶然出现一次不正常信号，ECU 诊断系统不会判断为故障。只有当不正常信号持续一定时间或多次出现时，ECU 才将其判定为故障，如发动机转速在 1000r/min 时，转速信号（Ne 信号）丢失了 3~4 脉冲信号，ECU 不会判定为 Ne 信号故障，同时，"CHECK"灯也不会亮，Ne 信号的故障也不会存入 ECU 内。

> **注意**：ECU 判断出的故障，只能提供故障的性质和范围，如冷却液温度传感器与 ECU 间配线断路时，冷却液温度传感器输出电压信号就会高于 4.8V（正常为 0.1~4.8V）。这时 ECU 判定和输出的故障信息为冷却液温度传感器发生故障。最后确定是传感器、执行器或相应配线的故障，还应进一步检查确定。

2. 故障信息的显示方式

ECU 故障自诊断系统检测到故障信号经判断为故障后，即将故障信息以故障码的形式存储到 ECU 存储器中。通过一定操作程序将故障码或故障资料按特定的方式显示出来。不同车型故障信息的显示方式也不同。常见的有以下几种：

1）由故障警告灯闪烁故障码。当发动机工作正常无故障时，接通点火开关至 ON 位置，"CHECK"灯点亮。当发动机起动后转速高于一定转速时，此灯应熄灭。否则为有故障发生，用专用跨接线跨接诊断座或通过其他操作可将故障码以"CHECK"灯的一定闪烁方式显示出来。故障排除后，"CHECK"灯在发动机转速高于一定转速时熄灭。

2）用专用或通用检测仪直接读取故障码或故障信息。

3）由仪表盘上显示屏直接显示故障码、信息资料及数据。

3. 检测仪器的功能介绍

各厂家都针对自己的车型开发了专用的检测仪，同时市场上也有能够诊断许多车型的通用检测仪。这两类检测仪的工作原理基本相同。就是检测仪器通过专用的诊断接口按特定的协议访问车载控制单元，来读取控制单元内存储的故障信息。检测仪还可以进行软件升级，以便能够增加诊断的车型数据和诊断的功能。下面以大众检测仪 VAS505X 为例介绍专用检测仪的功能。

VAS505X 是大众集团专用工具的一个编号，其中的 X 是产品的序列号，它是在大众车系原有的检测仪 V.A.G1551 和 V.A.G1552 的基础上发展过来的。现在该系列检测仪共有 VAS5051、VAS5051B、VAS5052 和 VAS5053 四种产品。检测仪的全称是 "Vehicle diagnostic, measurement and information system（车辆诊断、测量和信息系统）"。从仪器的名称上就可以看出，该检测仪具有车辆的诊断、测量和信息查询功能。

借助对最基础的 VAS5051 检测仪进行介绍，来说明该系列检测仪的功能和在维修过程中的作用。从 VAS5051 的外观（图 1-11），VAS5051 主界面（图 1-12）中可以看到该检测仪具有自诊断、测量、故障引导和功能引导四大功能。

1）自诊断功能。

诊断功能是对车辆单独的控制单元进行检测，比如对发动机、变速器、ABS 和仪表等控制单元进行检测。这些控制单元具有独立的地址码，VAS5051 可以单独和这些控制单元进行通信，完成控制单元故障记忆的查询和故障记忆的清除等功能。在诊断项目中，主要有以下功能（图 1-13）：

模块一 | 发动机电控系统构造认知

图 1-11　VAS5051 的外观

图 1-12　VAS5051 主界面

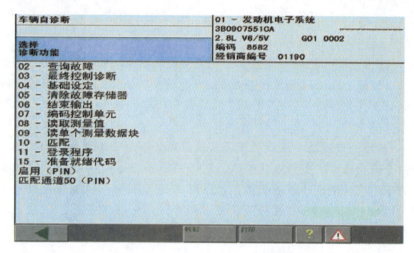

图 1-13　VAS5051 的诊断项目

02 项目是"查询故障"功能，该项功能可以直接查询到控制单元内存储的故障记忆。

03 项目是"最终控制诊断"功能，该功能是检测仪主动激活控制单元所控制的执行元件进行动作，通过人为地观察执行元件的工作情况来判断执行元件的状况。

04 项目是"基础设定"功能，该功能完成控制单元和执行元件之间基础的电位设定。比如，发动机控制单元的基础设定是完成节气门和控制单元之间的电位匹配，空调系统的基础设定是完成空调电动机和控制单元之间的电位匹配，前照灯控制单元的基础设定是完成前照灯照程电动机和控制单元之间的电位匹配等。

05 项目是"清除故障存储器"功能，该功能的执行是清除掉控制单元内部存储的故障记忆。

06 项目是"结束输出"功能，是退出自诊断功能。

07 项目是"编码控制单元"功能，通过对控制单元的编码，可以改变和实现控制单元不同的功能。比如，通过对奥迪 A6 轿车中央门锁系统控制单元编码的改变，可以分别实现安全锁、行车自锁和锁车警报等功能，这就使得控制单元的功能得到提升，并且在使用上更富人性化。另外，车辆上装备的每一个控制单元都有一个编码，编码的数字包括了车型的选择、发动机和变速器类型的选择以及使用地区的选择等，这就使得相同零件编号的控制单元可以通过编码的改变去适应不同的车型，使控制单元的零件具有通用性。

08项目是"读取测量值"功能，该项功能十分有用，通过对控制单元各个数据块的静态和动态的分析，准确、快速地查找到故障原因。

09项目是"读单个测量数据块"功能，是厂家使用的，在维修中没有用到。

10项目是"匹配"功能。通过该功能，加上不同的匹配通道和数据，可以修改控制单元内部的一些参数，从而改变控制单元的一些使用特点。比如，通过仪表的匹配可以改变仪表的语言，修改保养里程的显示，进行燃油消耗曲线的匹配等。

11项目是"登录程序"功能，就是要完成一些重要的设置。首先输入一个特定的登录码，然后控制单元才允许向下进行匹配。比如，发动机控制单元定速巡航功能的开启和关闭的匹配等。

了解了该检测仪自诊断的强大功能，在实际的工作中就需要借助于检测仪进行综合分析，以检查和排除故障。

2）测量功能。该项功能包括万用表的使用功能，即检测仪可以测量电压、电阻和电流。另外，还可以测量传感器的波形。在实际的维修工作中，检测仪在对控制单元进行ECU检测的同时，还需要对线路和传感器进行测试。该检测仪的这项功能可以兼并。

3）故障引导功能。该项功能的实现，需要检测仪内部存储的大量车型数据来支持。由于现代车型的更新变化很快，对维修人员要掌握的车辆技术和车型信息的要求就越来越高。把这些新的车型信息存储在检测仪中，当维修人员需要某项信息的时候可以马上调出来，并且检测仪可以根据故障记忆的描述，结合自己强大的数据库，帮助维修人员查找故障。当然，检测仪存储的车辆信息，要根据厂家车型的变化定期进行升级更新。

当执行该功能时，选择要检测的车型，检测仪就调出该车型的信息，并且把该车型上所有的控制单元检测一遍。检测完后，根据检测到的故障记忆，检测仪可以指导进行下一步的维修工作，帮助查找故障原因。

4）功能引导。随着车辆控制单元的增多，每个控制单元下面都有很多的功能匹配和信息说明。这个功能项目的作用是维修人员主动地对某个控制单元进行操作，通过这种操作来完成对控制单元的匹配和故障查找等工作。

课堂互动：1. 请说出检测仪的功能。
2. 当发动机故障警告灯亮起时说明什么问题？

模块二

发动机电控系统传感器的结构及工作原理

引言

传感器是发动机电控系统的重要组成部分，发动机 ECU 通过各传感器监测发动机的工作情况，用来对发动机系统的喷油、点火以及其他一些辅助控制。传感器工作状况的好坏，对发动机系统工作情况有着重要的影响，甚至影响发动机的运行。因此掌握传感器的结构和工作原理，对发动机的故障诊断和排除至关重要。

学习目标

1. 发动机电控系统各传感器的结构和工作原理。
2. 发动机电控系统传感器的功能。
3. 发动机电控系统传感器的检测方法。

!!! 小知识

国家标准 GB/T 7665—2005 对传感器下的定义是："能感受规定的被测量并按照一定的规律转换成可用信号的器件或装置，通常由敏感元件和转换元件组成"。可见，传感器是一种检测装置，它能感受到被测量的信息，并能将检测感受到的信息，按一定规律变换成为电信号或其他所需形式的信息输出，以满足信息的传输、处理、存储、显示、记录和控制等要求。

目前对传感器尚无一个统一的分类方法，但比较常用的有如下三种：

1）按传感器的物理量分类，可分为位移、力、速度、温度、流量和气体成分等传感器。

2）按传感器工作原理分类，可分为电阻、电容、电感、电压、霍尔、光电、光栅和热电耦等传感器。

3）按传感器输出信号的性质分类，可分为输出为开关量（"1"和"0"或"开"和"关"）的开关型传感器、输出为模拟型传感器、输出为脉冲或代码的数字型传感器。

用于汽车发动机电控系统的传感器主要有温度传感器、空气流量传感器、压力传感器、转速及位置传感器、氧传感器和爆燃传感器等。

传感器的主要功用是把非电量信号转换成电量信号，或者将物理量、电量和化学量的信息转换成 ECU 能够理解的信号。

传感器应用举例：电子秤如图 2-1 所示。

图 2-1　电子秤

当物体放在秤盘上时，压力施给传感器，该传感器发生形变，从而使阻抗发生变化，同时使用激励电压发生变化，输出一个变化的模拟信号。该信号经放大电路放大输出到模-数转换器。转换成便于处理的数字信号输出到微处理器运算控制。微处理器根据键盘命令以及程序将这种结果输出到显示器，直至显示被测物体的重量。

单元一　曲轴位置传感器和凸轮轴位置传感器结构和工作原理

学习目标

1. 学习曲轴位置传感器（CKP）和凸轮轴位置传感器（CMP）的结构和工作原理。
2. 掌握曲轴位置传感器的故障现象及引起故障的原因。

课程准备

知识准备 1：曲轴位置传感器是根据电磁感应开发的。电磁感应（Electromagnetic Induction）又称为磁电感应现象，是指放在变化磁通量中的导体，会产生电动势。此电动势称为感应电动势或感生电动势，若将此导体闭合成一电路，则该电动势会驱使电子流动，形成感应电流（感生电流）。电磁感应现象验证试验如图 2-2 所示。

知识准备 2：霍尔效应（Hall Effect）是美国约翰·霍普金斯大学物理学家德华·霍尔博士（Dr·Edward H·Hall）于 1879 年首先发现的。霍尔效应是指将一个通有电流 I 的长方形铂金导体垂直于磁力线，放入磁感应强度为 B 的磁场中，如图 2-3 所示，在铂金导体的两个横向侧面上就会产生一个垂直于电流方向和磁场方向的电压，当取消磁场时电压立即消失。产生的电压后来被称之为霍尔电压 U_H，U_H 与通过铂金导体的电流 I 和磁感应强度 B 成正比。

图 2-2　电磁感应现象验证试验

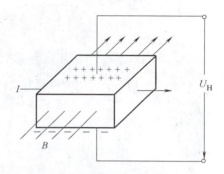

图 2-3　霍尔效应原理图

利用霍尔效应制成的元件称为霍尔元件，利用霍尔元件制成的传感器称为霍尔效应式传感器，简称霍尔传感器。由于半导体材料也存在霍尔效应，其霍尔系数远远大于金属材料的霍尔系数，因此一般都采用半导体材料制作霍尔元件。利用霍尔效应不仅可以通过接通和切断磁场来检测电压，而且还可以检测导线中流过的电流，因为导线周围的磁场强度与流过导线的电流成正比关系。20 世纪 80 年代以来，汽车电子产品应用的霍尔传感器与日俱增，主要原因在于霍尔传感器有两个显著的优点：一是输出电压信号近似于方波信号；二是输出电压高低与被测物体的转速无关。霍尔传感器与磁感应式传感器的不同之处是需要外加电源。

在发动机电控系统中存在着一个至关重要的传感器，如果这个传感器工作不良，将会造成发动机不能起动或使正在运行的发动机停止运转。那么这是哪个传感器呢？为什么它的作用如此重要？

在发动机电控系统中还存在着一个传感器，这个传感器一般采用霍尔效应的原理，用于判断气缸的基准信号，当此传感器出现故障时，汽车将出现加速无力的现象。那么这个传感器是什么传感器呢？又为什么会出现这种故障现象呢？

下面的内容将回答上述问题。

1.1　曲轴位置传感器的结构及工作原理

1. 曲轴位置传感器的功能及安装位置

曲轴位置传感器 CKP（Crank shaft Position），也称为发动机转速传感器，大多采用磁感应式传感器，配合 60 齿减去 3 齿或 60 齿减去 2 齿的靶轮。曲轴位置传感器用于测定发动机转速和曲轴的旋转位置信号，发动机 ECU 根据此传感器信号计算基本的喷油时间和基本的点火提前角。如果曲轴位置传感器信号不正确或缺失，发动机系统将不知道何时点火和喷油，因此会工作不良，甚至会不着车，或在运转中熄火。

曲轴位置传感器安装于曲轴的一端/发动机缸体或变速器壳体上，与安装在曲轴上的齿圈共同工作。曲轴位置传感器的安装位置和外观如图 2-4、图 2-5 所示。

16　发动机电控系统构造与检修

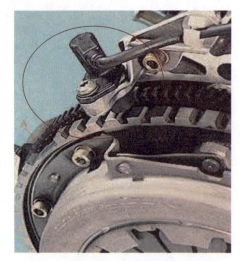

图2-4　曲轴位置传感器的安装位置

图2-5　曲轴位置传感器的外观

2. 曲轴位置传感器的工作原理

曲轴位置传感器由绕着线圈的磁铁和两个接线端子组成，结构如图2-6所示。线圈两个端子就是传感器的输出端子，当铁质环状齿轮（有时称为信号盘）转动经过传感器时，由于此时线圈内磁铁通过线圈的磁通量会有一定的变化，所以线圈里会产生感应电压。

信号盘上相同齿型会产生相同形式的连续脉冲，脉冲有一致的形状幅值（峰对峰电压）与曲轴信号轮的转速成正比，输出信号的频率基于信号轮的转动速度，传感器磁极与信号轮间隙对传感器信号的幅值影响极大，因此安装时要注意齿隙。在生产加工过程中，剔除信号轮上一个齿（图2-7），信号盘上的缺口位置与发动机上止点的位置相匹配，ECU利用此信号确定在第一缸的基准位置。

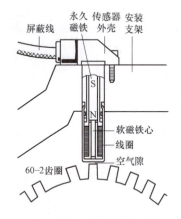

图2-6　曲轴位置传感器结构图

图2-7　曲轴位置传感器信号齿圈

由于磁电式曲轴位置传感器信号比较弱，而且敏感，容易受高压点火线、车载电话、风扇和起动机等电子设备的电磁干扰，它会引起行驶性能故障或产生故障码，为了防止该现象的出现，在制造发动机线束过程中，曲轴位置传感器的两根信号线采用了双绞线结构形式，采用这种形式可以有效地防止外界信号对曲轴位置传感器信号的影响，而且也降低了生产成本。

3. 曲轴位置传感器的波形图

电磁式发动机转速和曲轴位置传感器波形如图 2-8 所示，正确的波形应连续，图中的波形频率随发动机的转速变化，转速越高，波形越密。图中波形较宽的部分即为缺两个齿的位置处的波形。

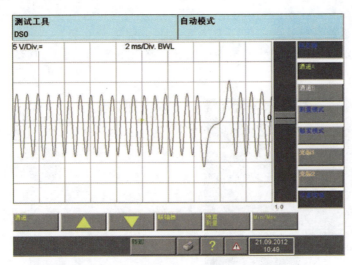

图 2-8 电磁式发动机转速和曲轴位置传感器波形

4. 曲轴位置传感器的相关故障

（1）故障症状　如果曲轴位置传感器信号出现故障，可能会观察到下列症状：
1）发动机转动，但不能起动。
2）发动机无点火信号（曲轴位置传感器不正确的安装）。
3）转速表不起作用。
4）发动机运转粗暴或停止（曲轴位置传感器不正确的安装）。
5）油耗增加。

（2）导致故障的原因　保持传感器与信号盘正确的空气间隙非常重要，如果空气间隙太宽，则曲轴位置传感器信号会变得太弱，可能会导致发动机熄火的情况发生。

曲轴位置传感器可能会出现以下故障或提供不正确的信号：
1）空气间隙太宽，曲轴位置传感器磁场太弱。
2）曲轴位置传感器线束断路。
3）曲轴位置传感器线束短路。
4）曲轴位置传感器线束高电阻。
5）腐蚀或机械原因，磁力环精度差。
6）飞轮或驱动盘失圆而导致曲轴位置传感器信号失真。
7）曲轴径向移动而导致曲轴位置传感器信号变化。
8）错误的缺齿布置方式，ECU 不能实现曲轴与软件之间的同步。
9）传感器装配不正确或不完整或传感器进水。

课堂互动：如果曲轴位置传感器电路断路，发动机将会出现什么情况？

1.2 凸轮轴位置传感器的结构和工作原理

1. 凸轮轴位置传感器的安装位置

凸轮轴位置传感器的英文缩写为 CMP（Camshaft Position Sensor），大多车型采用霍尔传感器，配合几个不等距缺口的信号转子。霍尔传感器一般固定在发动机缸盖上，传感器的触发轮装在凸轮轴上。传感器转子是圆柱面形钢质叶片或带有间隙不等的圆盘。传感器一般安装在气门室罩盖后部，信号轮安装在凸轮轴后部，和凸轮轴同步运转。安装位置及安装关系图如图2-9所示，凸轮轴位置传感器及信号轮如图2-10所示。

图2-9　安装位置及安装关系图

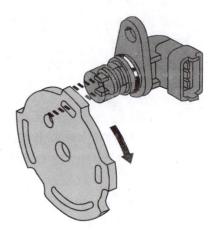

图2-10　凸轮轴位置传感器及信号轮

2. 凸轮轴位置传感器的作用

凸轮轴位置传感器为发动机ECU提供凸轮轴的相位信息，此信息与曲轴位置传感器所提供的信息结合起来判断发动机处于工作循环中的哪个行程。凸轮轴每转一周，传感器就根据霍尔效应，产生一系列电磁脉冲，ECU在得到这些信息后，结合曲轴位置传感器信息，控制喷油器向正确的气缸喷油以及确定点火顺序，此外，凸轮轴位置传感器还用于各缸的爆燃调节。凸轮轴位置传感器为辅助传感器，对发动机排放影响很大。

3. 凸轮轴位置传感器的结构及工作原理

凸轮轴位置传感器是利用霍尔效应原理，通过与凸轮轴一同旋转的触发轮来改变磁场，因此产生周期性的变化电压。该传感器内部为霍尔传感器形式，三线式，由ECU提供参考电压。图2-11所示为凸轮轴位置传感器电路图。

某车型凸轮轴位置传感器输出的信号波形如图2-12所示，凸轮轴位置传感器信号与曲轴位置传感器输出的信号之间的关系如图2-13所示。由图可见，发动机曲轴每转两转，霍尔传感器触发轮就转一圈。

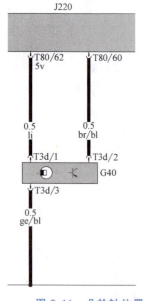

图2-11　凸轮轴位置传感器电路图

G40—霍尔传感器　J220—发动机ECU

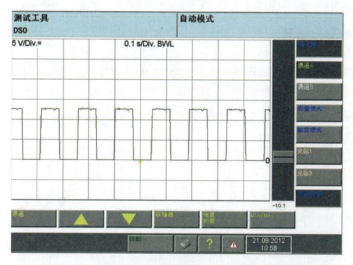

图 2-12 某车型凸轮轴位置传感器输出的信号波形

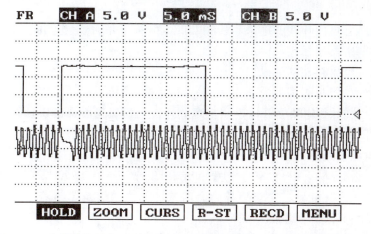

图 2-13 凸轮轴位置传感器信号与曲轴位置传感器输出的信号之间的关系

当发动机工作时，曲轴位置传感器和凸轮轴位置传感器产生的信号电压不断输入到 ECU。当 ECU 同时接收到曲轴位置传感器齿缺对应的低电平信号和凸轮轴位置传感器窗口对应的低电平信号时，便可识别出此时为 1 缸活塞处于压缩行程，4 缸活塞处于排气行程，并根据曲轴位置传感器小齿缺对应输出的信号控制点火提前角。ECU 识别出 1 缸压缩上止点位置后，便可进行顺序喷油控制和各缸点火时刻控制。如果发动机产生了爆燃，ECU 还能根据爆燃传感器输入的信号判别出是哪缸产生了爆燃，从而减小点火提前角，以便消除爆燃。

4. 凸轮轴位置传感器相关故障

当凸轮轴位置传感器信号中断后，控制单元收到曲轴位置信号只能识别出再经一定的曲轴转角到达 1、4 缸的上止点位置，但不知 1、4 缸中的哪一个是压缩行程上止点。控制单元仍可喷油，但由顺序喷射改为同时喷射，控制单元仍可点火，但将点火正时向后推迟到绝对不爆燃的安全角度。此时发动机功率和转矩都会降低，驾驶中的感觉就是加速不良，达不到规定的最高车速，燃油消耗增加，怠速不稳。

(1) 故障症状　如果凸轮轴位置传感器出现故障，ECU 将进入故障应急模式。喷油时刻会调整，对驾驶人来说，感觉不到发动机性能在低速范围内的任何变化。但排放将会超标，发动机故障灯会点亮。

(2) 引起故障原因　凸轮轴位置传感器可能会以下列方式出现故障或提供不正确的信号：

1) 凸轮轴位置传感器被金属性碎片污染。
2) 凸轮轴位置传感器磁场太弱。
3) 凸轮轴位置传感器线束断路。
4) 凸轮轴位置传感器线束短路。
5) 凸轮轴位置传感器高电阻。
6) 由于机械损伤，磁力环精度降低。
7) 排气凸轮轴正时不正确。
8) 进气凸轮轴正时不正确。
9) 不正确的传感器的安装。

(3) 维修方法

1) 检查传感器的导线、插头和传感器的电气接口是否正确连接、断裂和腐蚀。
2) 清洁传感器的插头。
3) 读取故障码存储器记录。
4) 检查传感器是否损坏。

课堂互动：1. 如果凸轮轴位置传感器出现故障，发动机可能会出现什么情况？
2. 请画出凸轮轴位置传感器与 ECU 连接的电路简图。

凸轮轴位置传感器故障案例

故障现象：一台帕萨特 B5 轿车，配置 ANQ 型发动机，大修后出现起动困难故障，严重时类似于无点火症状，热车后故障有所减轻。使用的是 V. A. G1552 检测仪器进行检测，发动机系统存储了如下故障码：

00515——霍尔传感器 G40 搭铁短路。

00561——混合气超过调整极限。

17967——节气门控制单元基本设置故障。

18020——发动机控制单元编码错误。

检测与修理

清除故障码后起动着车，查询只剩下 00515 故障码。试车 2min，又出现 00561 故障码。进入动态数据流功能，查看 001 组 4 区急速节气门开启的角度，为 7°，正常值应为 2°~5°范围内，分析原因是节气门体脏污所致。在没有清洗节气门体的情况下，输入 098 组号进行"基本设定"，仪器显示"不支持本功能"。由此想起起动困难可能与节气门控制单元设定失败有关，以前曾遇到过此类故障，但它都同时伴有严重的游车现象，与本例症状存在较明显的差别。决定先不考虑此问题，继续检查控制单元的编码代号。检测仪所显示的发动机控制单元编码为 04031，即按欧Ⅱ标准要求的配置 O1N 型自动变速器的帕萨特车辆与本车实际配置相符，于是就剩下 00515 故障码问题。经过反复试车，发现有这样的故障特征：在点火开关打开状态（发动机并不运转），将故障码清除，但只要一起动发动机，就会立即重现。这表明该故障码是真实码。但它的静态值应是正常的，动态值（脉冲信号输出）则出了问题。为此测量霍尔传感器三个针脚之间阻值，没有相互短路的迹象；在打开点火开关状态下测量各针脚电压，分别为5V、12V、0，这又进一步验证了霍尔传感器信号线无"搭铁短路"问题，也许传感器本身已损坏，拆下后发现里面的霍尔元件沾有机油，查看是进气凸轮轴油封未安装正确，修复并擦拭干净传感器试车，故障依旧，使用示波仪测量传感器信号，可看到一组标准的12V矩形方波输出。至此，已没有任何理由证明霍尔传感器G40信号存在"搭铁短路"的问题，那么是什么原因产生了00515故障码？

　　仔细观察发动机运行状况，发现有时会因转速偏低而悄然熄火。将气门室罩盖拆下，检查排气凸轮轴与进气凸轮轴之间的配气相位，果然，进气凸轮轴角度相对排气凸轮轴提前了一个链节。重新安装后故障立即消失。

　　故障总结：本案例故障是维修人员配气机构的安装错误造成的，深入分析，还是在于维修人员没有理解和掌握ANQ型发动机的进排凸轮轴特殊的装配原理。ANQ是一种配置于帕萨特B5发动机，采用了双凸轮轴，因此它配气机构的装配分为以下两部分：

　　1）排气凸轮轴与曲轴采用正时传动带进行装配。正时传动带位于发动机前方，在排气凸轮轴带轮及曲轴带轮护罩上有明显的正时标记，它又与熟知的时代超人发动机的配气方法相同，因此在这一环节维修人员通常不会犯错误。

　　2）进气凸轮轴与排气凸轮轴则采用链条传动作为配气相位的装配方式。链条位于缸盖后方，凸轮轴调整电磁阀N205位于进气凸轮轴后部，N205用于实现可变配气相位功能，也就是说ECU可以根据发动机实际的工况要求来控制N205。令进气凸轮轴相对调整一个角度，使发动机的进气更充分，增大功率输出。链条张紧器则位于两个凸轮轴链轮之间，它是依靠发动机运转后产生的机油压力绷紧链条。由于未绷紧的链条有一定的松弛度，当两根凸轮轴安装好后，验证正时记号时就会看到，进气凸轮轴相对排气凸轮轴存在一个较明显的自由行程，这就随之带来一个问题，如果以凸轮轴对准瓦盖上记号的常规方法进行装配，就会存在这个正常的自由行程，进气凸轮轴在三个轮齿角内部可对正瓦盖上的标记，因此这种对正正时的方法是错误的，不能作为ANQ发动机的两个凸轮轴间验证正时的标准。维修手册中详细地说明了凸轮轴与链条的装配方法：链条不能用冲小点、刻槽或其他类似的方法作为标记，两个箭头以及颜色标记之间的距离为16个链节，箭头是指两根凸轮轴链条轮颈部的凹槽径向啮合的链齿为起点（包括这两个啮合的链节），之间共为16个链节，即为正确的装配角度，本例装成了15节，结果导致进气门开启时间滞后，发动机进气不充分而功率不足，呈现出怠速转速明显偏低却转速相对稳定的故障特征。

　　霍尔传感器G40也是安装在进气凸轮轴处，但位于前方，因此G40信号与进气凸轮轴旋转角度同步。显然，控制单元通过发动机转速传感器G28与霍尔传感器G40的信号对比，得到相位不正确的结论。但由于自诊断原则上只能识别电信号类型的故障，因此便认为G40元件损坏或信号输出错误，设置00515号故障码，维修手册中对该故障排除是这样说明的：检查线路，检查或更换G40，没有涉及任何有关配气相位机械方面的信息。

课堂互动： 1. 凸轮轴位置传感器的作用是什么？
2. 如果凸轮轴位置传感器出现故障，发动机会有什么现象发生？
3. 请问凸轮轴位置传感器和曲轴位置传感器的信号是否有关联？为什么？

单元二　进气压力传感器和空气流量计的结构与工作原理

学习目标

1. 掌握进气压力传感器（MAP）和空气流量计（MAF）的结构与工作原理。
2. 掌握进气压力传感器和空气流量计的功能。
3. 掌握进气压力传感器和空气流量计的故障范围。

课程准备

知识准备： 压阻效应。

压阻效应是用来描述材料在受到机械式应力下所产生的电阻变化。当导体或半导体材料在外界力的作用下产生机械变形时，其电阻值相应地发生变化。半导体应变片是用半导体材料制成的，其工作原理是基于半导体材料的压阻效应。

压力的单位及换算

法定国际单位制导出的压力单位为帕（Pa）。常用的为兆帕（MPa）、千帕（kPa），惯用的非法定单位有巴（bar）、工程大气压（at）、磅每平方英寸（psi）、毫米汞柱（mmHg）和毫米水柱（mmH_2O）等。

> 1 巴（bar）= 0.1 兆帕（MPa）= 100 千帕（kPa）= 1.0197 千克力/平方厘米（kgf/cm^2）
>
> 1 标准大气压（atm）= 0.101325 兆帕（MPa）= 1.0133 巴（bar）

电喷发动机中采用进气压力传感器来检测进气量的称为 D 型喷射系统（速度密度型）。进气压力传感器检测进气量是采用间接检测。进气压力传感器种类较多，有压敏电阻式和电容式等。由于压敏电阻式具有响应时间快、检测精度高、尺寸小且安装灵活等优点，因而被广泛用于现代发动机电控系统中。

电喷发动机中采用空气流量计检测进气量的称为 L 型喷射系统（质量流量型）。空气流量计采用直接检测进气量的方式，测量精度高，也广泛应用于现代发动机电控系统中。

2.1　进气压力传感器的结构与工作原理

1. 进气压力传感器的功能

进气压力传感器 MAP（Manifold Absolute Pressure）全称为进气歧管绝对压力传感器，它通常安装在进气道上，安装位置和外观如图 2-14、图 2-15 所示。

进气压力传感器检测的是节气门后方进气歧管的绝对压力，它根据发动机转速和负荷的大小检测出歧管内绝对压力的变化，然后转换成信号电压送至电子控制器 ECU，ECU 依据此信号电压的大小，控制基本喷油量的大小。

模块二 | 发动机电控系统传感器的结构及工作原理 | 23

图 2-14 进气压力传感器的安装位置

图 2-15 进气压力传感器的外观

2. 应变电阻式进气压力传感器的工作原理

应变电阻式进气压力传感器采用半导体压敏电阻式。它由硅膜片、集成电路、滤清器、真空室和壳体等组成。硅膜片是压力转换元件，它是利用半导体的压阻效应制成的。硅膜片的一面是真空室，另一面是导入的进气压力。集成电路是信号放大装置，它的端头与ECU连接。图 2-16 所示为某车型进气压力传感器电路，从图中可以看到半导体压敏电阻连接成惠斯顿电桥的形式。

当发动机工作时，从进气管来的空气经传感器的滤清器滤清后作用在硅膜片上，硅膜片产生变形（由于进气流量对应着相应的进气压力，故进气流量越大，进气管压力就越高，硅膜片变形也就越大）。硅膜片的变形，使扩散在硅膜片上电阻的阻值改变，导致电桥输出的电压变化。传感器上的集成电路将电压信号放大处理后，作用进气管压力信号送到ECU，此信号成为ECU计算进入气缸空气量的主要依据。

3. 进气压力传感器和进气温度传感器的数据

图 2-17 所示为某车型进气压力和进气温度在怠速时的数据，图中显示了进气温度传感器（ACT, Air Charge Temperature）的电压值、进气温度、进气压力传感器电压和进气压力等数据。这些数据可以很好地帮助维修人员了解进气压力传感器和进气温度传感器工作的情况。

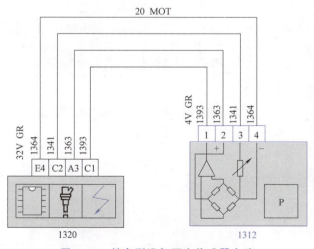

图 2-16 某车型进气压力传感器电路

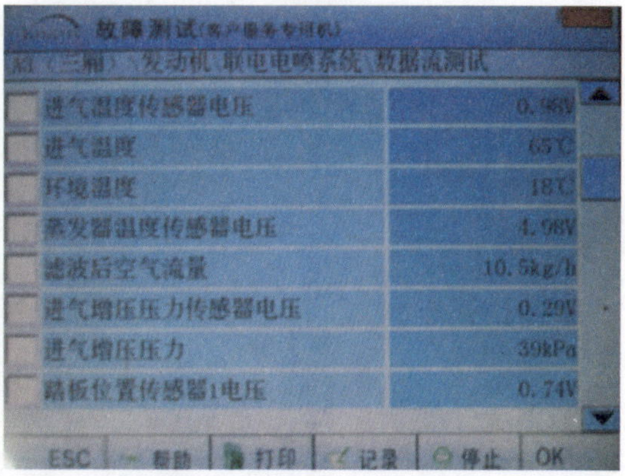

图 2-17 某车型进气压力和进气温度在怠速时的数据

课堂互动：1. 请问如果进气道漏气，会对发动机有何影响？
2. 进气压力传感器会检测到进气道漏气吗？
3. 为什么使用进气压力传感器的车辆还需使用进气温度传感器？

2.2 空气流量计的结构与工作原理

1. 空气流量计元件的位置

L 型电喷系统采用空气流量计（MAF，Mass Air Flow Sensor）测量进气量，目前常见车型上安装热膜式空气流量计。空气流量计位于空气滤清器之后节气门体之前的进气软管内。空气流量计的安装位置如图 2-18 所示。

图 2-18 空气流量计的安装位置

2. 空气流量计的功能

一般空气流量计由空气流量传感器和进气温度传感器组成。空气流量计用于测量进入发动机进气歧管的进气总量，以及进气气流的温度，为发动机 ECU 提供负荷信息，由 ECU 根据这些信息再结合其他传感器送来的信息，控制喷油脉宽。空气流量计在电喷轿车上的重要作用是喷油控制的基本信号，也是决定信号。此信号的好坏将影响混合气的配比，也直接影响发动机的动力性和稳定性。

3. 空气流量计的工作原理

空气流量计是将一些微电子电气元件集成在一块陶瓷基片上，当发动机工作时膜片上就会发热，进气经过膜片时就会将热量带走，膜片上集成的惠斯顿电桥就会增加电流，将损失的热量重新补充，从而引起电信号的变化。

空气流量计的结构如图 2-19 所示，原理图如图 2-20 所示，电阻 R_H 用铂丝制成，R_H 和温度补偿电阻 R_K 均置于空气通道中的取气管内，与 R_A、R_B 共同构成桥式电路。R_H、R_K 阻值均随温度变化。当空气流经 R_H 时，使热线温度发生变化，电阻减小或增大，使电桥失去平衡，若要保持电桥平衡，就必须使流经热线电阻的电流改变，以恢复其温度与阻值，精密电阻 R_A 两端的电压也相应变化，并且该电压信号作

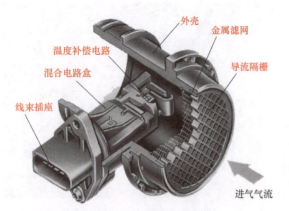

图 2-19 空气流量计的结构

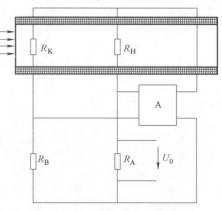

图 2-20 空气流量计的原理图

为热膜式空气流量计输出的电压信号送往 ECU。

发动机 ECU 根据空气流量计得知发动机负荷的变化，进而控制喷油脉宽和电子节气门的开度。进气温度传感元件（IAT）是一个负温度系数（NTC）的热敏电阻，在热膜两边安装了两个同样的传感元件，当进气气流流经膜片时，膜片前端的温度传感器相对后端的传感器温度要低一些，根据这个特征，ECU 就可以判断出气流的方向。

> **注意**：该类型的传感器要求传感器之后到发动机燃烧室之间不能出现漏气现象，否则将导致发动机怠速不稳，甚至出现熄火现象。

进气量信号是 ECU 精确计算喷油量的主要依据，如果空气流量计发生故障，ECU 将起动备用模式，把空气流量值设定在备用值，同时记录故障码。此时将造成怠速不稳、发动机喘抖、怠速游车、怠速转速偏高、燃油脉宽增加、行驶费油、点火推迟和尾气排放恶劣等。

4. 空气流量的电路分析

图 2-21 所示为某车型电路原理图，可以看到空气流量计共有 5 个接线脚。其中一个为空脚，一个为从燃油泵继电器来的 12V 供电脚，一根为 ECU 向空气流量计供给的 5V 电压，一根为由空气流量计反馈给 ECU 的信号线，一根为 ECU 的搭铁线。

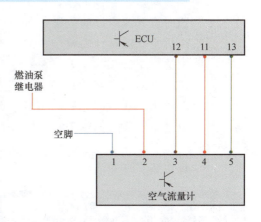

图 2-21 某车型电路原理图

课堂互动：1. 请问空气流量计是否能检测到节气门后方的进气管的漏气量？
2. 如果节气门后方的进气道漏气，会使发动机产生什么影响？

空气流量计故障案例

故障现象：一辆装备 4.2L V8 型发动机的新款奥迪 A8 D3 型轿车，行驶里程是 2.3 万 km，行驶过程中 ESP 灯常亮。

检测与修理

该车装备的是博世公司生产的版本为 5.7 的 ESP（电子行车稳定系统），ABS/ESP 的 ECU 和液压控制单元集成一体。当 ABS/ESP 有故障时，仪表上的 ESP 灯会常亮。

ESP 作为车辆的一套独立的主动安全系统，其组成有传感器信号、控制单元和执行元件三大部分。分析故障原因，无非有以下几种可能：传感器信号错误或传感器损坏，执行元件故障，控制单元本身存在故障，系统连接电路存在故障。根据故障现象，首先进行 ECU 检测。用大众专用检测仪 V.A.G5051 检测到 ABS/ESP 有如下故障信息：Load Signal Fault Message From Engine CU（从发动机控制单元收到错误的负荷信息）。此时用检测仪 05（清除故障）功能不可以清除掉该故障信息。考虑到该故障信息的描述，问题有可能出现在发动机控制单元。检测发动机控制单元，也有一个故障信息记忆：Air Mass Meter G70 Signal To High（空气流量计 G70 的信号值太高），该故障可以用 05 功能清除。当清除掉该故障信息后，仪表上的 ESP 警告灯即熄灭。再进行检测 ABS/ESP 控制单元，发现已无故障信息记忆。

根据故障描述和检测的步骤，怀疑问题可能出现在发动机控制系统的空气流量计上。但是空气流量计的信号是发动机控制系统的信号，为什么会造成 ABS/ESP 的警告灯点亮呢？分析 ABS/ESP 工作简图，得知 ABS/ESP 传感器组成部分有一个附加信号，发动机管理和变速器管理。ABS/ESP 控制单元要接收到发动机控制单元由 CAN 总线传来的负荷信号，而发动机的负荷信号由空气流量计提供。所以当空气流量计出现故障和信号超差时，发动机控制单元经过 CAN 总线传递给 ABS/ESP 控制单元的负荷信号也会超差，引起故障记忆存储，ESP 灯点亮。

检查空气流量计 G70。用 V. A. G5051 读取发动机控制单元空气流量计的数据块，怠速时显示空气流量计的值为 4～6g/s，该值正常，但突然间会跳至 10g/s 左右。怠速时空气流量计的值正常范围是 2～5g/s，该值跳动显示断定空气流量计存在问题。在拆空气流量计的时候，发现其后部的卡箍没有卡到位，怀疑是该问题，重新安装卡箍试车，该故障仍存在。该车空气流量计是热膜式，空气流量计 G70 和进气温度传感器 G42 集成一体。空气流量计 G70 的旁通通道中有一个微型线圈，被电流加热至约为 180℃，经过它的空气流按流动方向使线圈冷却。需要再次达到 180℃ 的电流就是空气质量的数量。空气流量计漏气以后经过它的空气气流相应地减少，造成空气流量计无法准确地计算出发动机的进气量，最终损坏空气流量计。更换空气流量计以后，该车故障排除。

单元三　节气门位置传感器、加速踏板位置传感器的结构及工作原理

学习目标

1. 了解节气门位置传感器的功能。
2. 了解节气门位置传感器的结构及工作原理。
3. 了解节气门位置传感器的故障现象。
4. 了解节气门电动机的工作原理。
5. 了解加速踏板位置传感器的结构及工作原理。

课程准备

知识准备：电位计的工作原理。

电位计是一种可调的电子元件，它是由一个电阻体和一个转动或滑动系统组成的。结构上是在裸露的电阻体上紧压着 1～2 个可移金属触点。当电阻体的两个固定触点之间外加一个电压时，通过转动或滑动系统改变动触点在电阻体上的位置，在动触点与固定触点之间便可得到一个与动触点位置成一定关系的电压。滑动变阻器（图 2-22）是电位计的一种应用。

当车辆在加速或减速时，驾驶人会对加速踏板进行控制，发动机 ECU 是怎样对驾驶人的动作进行反应的呢？加速踏板的位置是和节气门的开度联系的，节气门的开度大，进入发动机的空气量就多。那么 ECU 是怎样控制节气门开度的？又是怎样检测节气门开度的呢？

模块二 | 发动机电控系统传感器的结构及工作原理

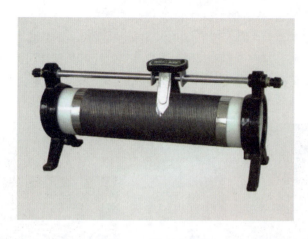

图 2-22 滑动变阻器

现在大多数车上都安装有电子节气门，从而取消了原来的节气门拉索。驾驶人的意愿通过加速踏板位置传感器传递给发动机 ECU，发动机 ECU 综合车辆的其他信息，控制电子节气门电动机来控制节气门的开度，节气门位置传感器反馈节气门的位置信息以及电动机的位置信息。带有电子节气门及加速踏板位置传感器的控制流程如图 2-23 所示。

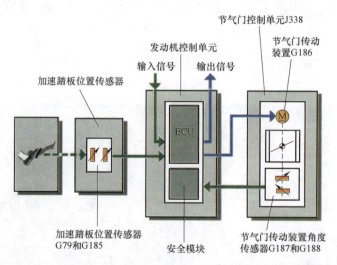

图 2-23 带有电子节气门及加速踏板位置传感器的控制流程

3.1 节气门体（节气门位置传感器、节气门电动机）的结构及工作原理

1. 电子节气门体的功能

电子节气门取消了传统的节气门拉索，节气门的开度由 ECU 根据加速踏板的信号和其他的信号（如空调、助力转向和换档等），通过电子节气门内部的步进电动机来控制。取消了传统的怠速旁通道和怠速步进电动机，另外电子节气门上面还有节气门位置传感器，用来反馈节气门的开度。

2. 节气门位置传感器的结构和工作原理

节气门位置传感器（TPS，Throttle Position Sensor）安装在节气门体上，而节气门体安装在进气道上，进气总管的前端（图 2-24）。总成节气门由节气门体、驱动电动机和节气门位置传感器等构成。来自发动机 ECU 的指令使驱动电动机动作，通过传动机构使节气门板转动，保证发动机工作所需的节气门开度。

图 2-24 节气门体的安装位置

节气门体构造如图 2-25 所示，节气门是由节气门位置传感器、节气门电动机和减速机构等组成。

图 2-25 节气门体构造

节气门位置传感器是一个具有线性输出的角度传感器，由两个电位计组成，节气门位置传感器及电动机的原理图和电路图如图 2-26 所示。每个电位计由碳膜电阻和滑动触臂构成。节气门两个电位计的滑动片都直接与节流阀门轴杆连接在一起。滑动触臂的转轴和节气门轴连接在同一个轴线上。滑触电阻的两端加上 5V 的电压。当节气门转动时，滑动触臂跟着转动，同时在滑触电阻上移动，并且将触点的电位作为输出电压引出。电位计输出与节气门位置成比例的电压信号,其中一个电位计为一个正的信号,而另一个为与此相反的信号。当某一个信号出问题时,发动机 ECU 还可以用另外一套信号来继续工作。

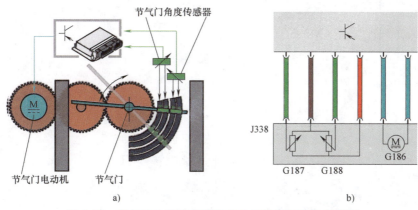

图 2-26　节气门位置传感器及电动机的原理图和电路图

a) 节气门位置传感器电路及电动机原理图　b) 节气门位置传感器电路及电动机电路图

节气门驱动电动机是一台微型直流电动机。节气门电动机供电是发动机 ECU 提供占空比类型的电压控制。电动机的电枢如图 2-27 所示。该电动机驱动一套特殊的齿轮减速机构及一根双向弹簧,当系统断电状态下,由该机构保证节气门阀片的开度维持在大于怠速位置,又不能过高的一个安全位置,保证车辆继续具有行驶能力。如果发动机电控系统进入该故障模式后,当踩加速踏板时,电子节气门的阀板将不再动作。

图 2-27　电动机的电枢

a) 齿轮减速机构　b) 节气门电动机转子

3. 怠速控制原理

当节气门电动机不被供电时,节气门处于"初始"位置。此位置不是怠速位置,比怠速时空气量多,此时回位弹簧带着节气门返回到限位块位置;此位置可以获得,车辆以低速行驶,所需的空气量。节气门初始位置如图 2-28a 所示。

当发动机怠速时,发动机 ECU 控制电子节气门转动,节气门由初始位置向减小开度的方向转动,处于怠速进气量位置,为发动机提供必需的空气量。

当发动机 ECU 一旦检测到某项故障时,如发现电子节气门位置信息与加速踏板

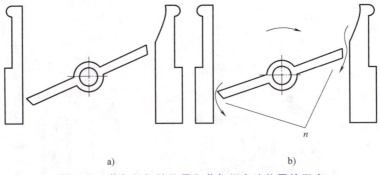

图 2-28 节气门初始位置和节气门怠速位置的开度
a) 节气门初始位置　b) 节气门怠速位置的开度

位置信息不一致时，就会切断电子节气门的供电。

注意：不要尝试调节或者拆下电子节气门（出于安全考虑）。

4. 节气门系统诊断原理

ECU 通过检测两个节气门位置传感器的转角是否超过其信号输出的上限值或下限值，当输出信号超过其上下限值时，或者两个节气门位置传感器的输出信号不相同时，ECU 就判定节气门位置传感器故障，发动机进入故障模式运行，发动机故障灯亮。节气门位置传感器输出信号是两组相反的电压，如图 2-29 所示。

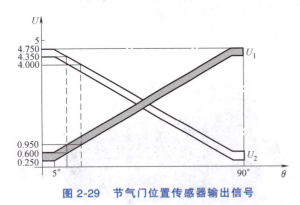

图 2-29 节气门位置传感器输出信号

在大众 POLO 轿车上出现一个节气门位置传感器发生故障，电子节气门系统使用另一个节气门位置传感器信号，对加速踏板响应不变，巡航控制和怠速控制等关闭，EPC（发动机电子节气门控制系统）灯点亮，故障存储器内有故障信息；当两个节气门位置传感器都发生故障而信号中断时，发动机在 1500r/min 左右运行，踩加速踏板无反应，EPC 灯亮，故障存储器内有故障信息。当节气门驱动电动机出现故障时，车辆进入紧急运行模式，由弹簧将节气门打开一定角度，系统运行于高怠速状态，踩加速踏板无反应，EPC 灯点亮，故障存储器内有故障信息。

5. 节气门故障引起的系统故障分析

节气门过脏，气缸及气门严重积炭，造成发动机 ECU 记忆空气流量计故障及氧传感器故障，这个故障在大众系列车中较多（捷达、桑塔纳和奥迪等）。

之所以这样，是因为节气门过脏后直接影响了进气通道的截面面积，从而使进气量减少。为了稳定发动机怠速转速，ECU 只能将电动节气门开度调大，以满足发动机怠速工况下对空气量的需求。ECU 一方面接收来自空气流量计的进气量信号，另一方面通过节气门开度与发动机转速来判断空气流量计的准确程度。当两个计算差值超过预设值时，判断为空气流量计失准，便报空气流量计超值。当节气门严重污染时，节气门势必开得更大，但此时的实际进气量并未增加，故节气门位置传感器信号值会高于空气流量计信号值。同时 ECU 也会修正空气流量计差值，但随着时间的延续,当修正值超过 ECU 预设值时,将报空气流量计失准故障。因此,应适时清洁节气门体,以保证空气流量计的准确性。

在车辆发生此类故障后,不要急于更换空气流量计,应首先对进气道、节气门、气缸和气门进行免拆清洁,然后再用专用设备清除 ECU 中的故障记忆(故障码和运行数据记录),并重新运行车辆进行初步设定,故障一般便可排除。

6. 电子节气门控制的基本设定

更换发动机控制单元后,必须进行电子节气门系统传感器、执行器与发动机控制单元间的基本设定。

大众汽车节气门基本设定的步骤如下:

1) 打开点火开关,不起动发动机。
2) 选择发动机系统。
3) 选择基本设定功能。
4) 输入基本设定通道号,见表 2-1。
5) 观察数据流第 4 区,当显示 "adp.ok" 时,节气门基本设定便完成了。

表 2-1 大众常见车型发动机节气门基本设定的通道号

车型	类别	通道号
宝来	—	098
POLO	—	098
奥迪	C5A6	060
帕萨特	—	098
桑塔纳 2000	—	098
捷达	两阀	060
	五阀	098

带自动变速器的车辆,更换发动机控制单元和加速踏板后,还应进行强制低档的基本设定。用 VAS5051 故障检测仪进入基本设定 063 模块,踩下加速踏板到底,触动牵制低档开关,并保持 3s 以上,观察显示区见表 2-2。

表 2-2 基本设定 063 模块

基本设定 063	屏幕显示	
	理论值	评价
1→加速踏板位置传感器 G79	12%~97%	
2→加速踏板位置传感器 G185 气门角度 G188	4%~49%	
3→加速踏板位置	Kick Down	
4→操作模式		

注:1. Kick Down 指加速踏板急踩到底模式。
  2. 评价一栏指实测值与理论值的比较结果。

如果基本设定过程中控制单元中断,节气门体存在故障,可能原因如下:

1) 节气门由于脏污,如积碳或节气门拉索调整错误等原因,不能达到急速机械止点位置。

2）蓄电池电压过低。
3）节气门控制单元或其线路不良。

课堂互动：1. 请说出帕萨特汽车节气门的匹配步骤。
2. 如果节气门电动机出现故障，车辆会出现什么情况？

节气门故障案例

故障现象1：一辆宝来1.8T事故车修复后，出现怠速不稳、加速无力现象，用解码器检查，故障码是17967（节气门控制单元J338基本设定未完成）。

检测与修理

当用解码器进行基本设定时，始终不能完成设定，最后检查发现，由于事故车修理时线路接错，使得解码器诊断插座处的电压供给只有6.5V，电压过低。由于电压过低时，发动机控制单元不能正常工作，所以使得节气门基本设定无法完成。不完成节气门基本设定，发动机控制单元得不到节气门控制单元中传感器的正确位置参数，所以无法对发动机进行正确控制。将线路修好后，重新进行基本设定，故障排除。

故障现象2：一辆2006款一汽大众公司生产的速腾轿车，采用1.8T BPL发动机，出现怠速不稳、加速无力的现象，同时EPC灯报警。

对其进行基本检查，节气门的连接平滑无卡滞现象，空气流量计信号电压也正常，没有发现可疑之处。进而用VAS5051故障检测仪进行检测，发现有两个故障码：18042——加速踏板位置传感器G185信号太大，18047——加速踏板位置传感器G79/G185信号不可靠。

检测与修理

根据故障码，推断发动机控制单元识别到至少在加速踏板位置传感器有一个相关故障。于是检查加速踏板位置传感器G79和加速踏板位置传感器G185。用VAS5051故障检测仪进入数据块062，在怠速状态下，未踩下加速踏板时两个传感器的位置分别为：加速踏板位置传感器G79：94%；加速踏板位置传感器G185：94%。从中发现，加速踏板位置传感器G185的数值为94%是不正常的。在怠速状态下，未踩下加速踏板时，加速踏板位置传感器G79的标准数值约为12%~97%，加速踏板位置传感器G185的标准数值约为4%~49%。

随后检查加速踏板位置传感器G79和加速踏板位置传感器G185的滑动电阻，能随踏板位置的变化而线性变化，说明加速踏板位置传感器G79、加速踏板位置传感器G185正常。

断开点火开关，取下蓄电池负极线，从控制单元上取下插接器。检查加速踏板位置传感器与控制单元间线路是否正常。检测线路之间的12对插接器插脚，各导线均无短路和断路现象。

拆开进气管，用手触摸节气门，急加速时节气门并没有打开动作。该型电子节气门内有一个直流电动机G186、两个并联的节气门位置传感器G187/G188，分别测量了它们的阻值均正常。测量节气门位置传感器的电压，传感器G187的分压向5V靠拢（节气门开得越大，电压越大）；传感器G188的分压由5V向0靠拢（节气门开得越大，电压越小），电压值符合规定。进一步检测电子节气门控制电动机G186的电源供应，发现端电压虽为12V，但电动机却不动作。在该电源线上接入功率为

8W 的试灯试验，试灯不亮。如果将蓄电池电源直接引至电子节气门控制电动机 G186，电动机却能正常工作，由此判定电子节气门的控制单元 J220 有故障。检查与发动机控制单元有关的元件及导线，发现几个搭铁点均出现锈蚀现象，可能是洗车溅水后未进行处理所致，同时溅水有可能导致线路短路，烧坏控制单元相应电路。

重新打磨发动机舱各处搭铁点，更换发动机控制单元并进行基本设定，重新试车，故障排除。

3.2 加速踏板位置传感器的结构及工作原理

1. 加速踏板位置传感器的安装位置

加速踏板位置传感器安装在驾驶人仪表下方，多数加速踏板位置传感器与踏板做成一体。加速踏板位置传感器的安装位置及内部构造如图 2-30 所示。

2. 加速踏板位置传感器的功能

加速踏板位置（驾驶人意愿）是发动机控制单元的一个主要输入参数。当发动机不转且点火开关打开时，发动机控制单元根据加速踏板位置传感器的信息来控制节气门控制器。也就是说，当加速踏板踩下一半时，节气门也打开一半。当发动机运转时（有负荷），发动机控制单元可不依靠加速踏板位置传感器来打开或关闭节气门。也就是说，尽管加速踏板只踩下一半，但节气门可能已完全打开了。这样就有一个优点，可避免截流损失。另外还能在一定负荷状态下减少有害物质排放并降低油耗。

图 2-30　加速踏板位置传感器的安装位置及内部构造

发动机所需转矩由控制单元通过节气门开度及进气量、发动机转速等来确定。如果认为电子节气门（E-Gas）仅是由一个或两个部件组成的，那是完全错误的。它包括了用于确定、调整及监控节气门位置的所有部件，如节气门控制单元、加速踏板位置传感器、EPC 警告灯和发动机控制单元等。

3. 加速踏板位置传感器的工作原理

加速踏板位置传感器内部采用阻尼结构，传感器内部有两个阻值不同的活动电位计式传感器。加速踏板结构及信号电压示意图如图 2-31 所示。因此，两个传感器的阻值并不相同，但是两个传感器所输出的阻值存在一一对应的关系。传感器的信号指针同踏板同轴，当踩动加速踏板时，电位计指针便与踏板同轴旋转，同时随着电位计指针的滑动，信号端子便输出不同的电压信号。为了防止发电动机电压波动引起信号失真，在 ECU 内部采用对比电路，将传感器所输出的信号电压和标准电压进行对比，ECU 采用比值来判断踏板的动作幅度。

ECU 对比传感器 1 和传感器 2 所输入的信号，并同发动机转速和负荷等其他传感器来共同判断传感器所输出信号的真伪，当判断出两个传感器中的任何一个信号失真，ECU 便控制发动机进入故障模式，采取限制性驾驶措施，将节气门维持在一定开度，使车辆能够开到特约服务站进行维修处理。

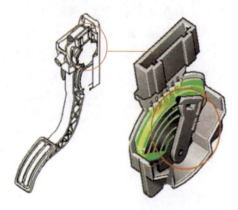
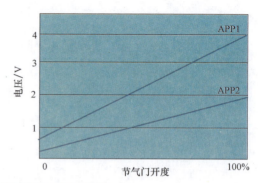

图 2-31　加速踏板结构及信号电压示意图

注：APP1 和 APP2 分别为加速踏板内两个传感器的电压值

例如在大众 POLO 车上，当一个传感器发生故障，系统监测到还有一个节气门信号时，能进入怠速运转，但节气门要全开却很慢，系统还通过制动灯开关和制动踏板开关信号来判别怠速，巡航控制、怠速控制等关闭，EPC 灯点亮，故障存储器内有故障信息。当两个传感器都发生故障，发动机在 1500r/min 左右运行时，踩加速踏板无反应，EPC 灯亮，故障存储器内有故障信息。

4. 电子节气门和加速踏板位置传感器的数据

图 2-32 所示为某车型在怠速时电子节气门和加速踏板位置传感器的数据，图中显示了踏板位置传感器 1 和 2 的电压值、踏板的位置、节气门电位计 1 和 2 的电压以及节气门电动机的控制信号。这些数据可以很好地帮助维修人员了解传感器的工作情况。

图 2-32　某车型在怠速时电子节气门和加速踏板位置传感器的数据

课堂互动： 1. 加速踏板位置传感器如果出现故障，车辆会出现什么情况？

2. 加速踏板位置传感器如果出现故障，EPC 灯是否会点亮？

加速踏板位置传感器故障案例

故障现象： 一辆 2006 年 1.6 高尔夫轿车，EPC 灯报警，发动机怠速转速保持在 1100r/min，踩加速踏板时发动机转速无变化。

检测与修理

用 VAS5051 故障检测仪进行检测，发现有两个故障码：18042——加速踏板位置传感器 G185 信号太强；18047——节气门/加速踏板位置传感器/开关 C 电路范围/性能。根据故障码，推断发动机控制单元识别到至少在加速踏板位置传感器有一个相关故障。接着检查加速踏板位置传感器 G79 和加速踏板位置传感器 G185。

在怠速状态下，未踩下加速踏板时两个传感器的加速踏板位置分别为：加速踏板位置传感器 G79：94%；加速踏板位置传感器 G185：94%。在怠速状态下，加速踏板位置传感器 G185 的数值为 94% 是不正常的（在正常情况下，加速踏板位置传感器 G79 的数值约为加速踏板位置传感器 G185 数值的 2 倍）。

高尔夫采用电子节气门，由加速踏板位置传感器 G79 和加速踏板位置传感器 G185 向发动机控制单元提供踏板位置信号，提高节气门操纵系统的传输效率及准确性。另外，当发动机运转时，控制单元可以不依靠加速踏板位置传感器直接控制节气门，避免节流损失。检查加速踏板位置传感器 G79 和加速踏板位置传感器 G185 的滑动电阻，能随踏板位置的变化而线性变化，说明加速踏板位置传感器 G79 和加速踏板位置传感器 G185 正常，即电子节气门正常。

断开点火开关，取下蓄电池负极，从控制单元上取下插头。根据电路图检查电子节气门踏板位置传感器与控制单元间线路是否正常。检测插头插脚到发动机 ECU 的各导线均无短路和断路现象。拆开控制单元 J220 进行检查，发现集成块已经烧坏。

检查与发动机控制单元有关的元件及导线，发现几个搭铁点均出现锈蚀现象，应为洗车溅水后未进行处理所致。重新打磨发动机舱各处搭铁点，更换发动机控制单元并进行匹配，重新试车，故障排除。

3.3 发动机电子节气门控制系统警告灯

发动机电子节气门控制系统（EPC，Electronic Power Control）警告灯监控电子节气门系统与节气门控制单元各传感器的工作状况。

打开点火开关，警告灯持续亮 3s，对系统进行自检，如果没有发现故障，警告灯熄灭；当系统出现故障时，警告灯闪烁，同时，发动机控制单元记录故障信息。若警告灯出现故障，对发动机的正常运转没有影响。图 2-33 所示为某车型仪表盘上的 EPC 警告灯。

图 2-33　某车型仪表盘上的 EPC 警告灯

单元四　冷却液温度传感器的结构和工作原理

学习目标

1. 掌握冷却液温度传感器的功能。
2. 掌握冷却液温度传感器的结构和工作原理。

课程准备

知识准备： NTC 负温度系数热敏电阻工作原理。

NTC 是 Negative Temperature Coefficient 的缩写，意思是负的温度系数，泛指负温度系数很大的半导体材料或元器件。所谓 NTC 热敏电阻就是负温度系数热敏电阻，它是以锰、钴、镍和铜等金属氧化物为主要材料，采用陶瓷工艺制造而成的。温度低时其电阻值较高；随着温度的升高，电阻值降低。负温度系数热敏电阻器可广泛用于测温、控温和温度补偿等方面。

在电控发动机系统中，有一类传感器可以测量温度（如冷却液温度和进气温度）。这类温度传感器是怎样实现温度测量的呢？为什么要对温度进行测量呢？

1. 冷却液温度传感器的功能

冷却液温度传感器（CTS，Coolant Temperature Sensor）安装在发动机冷却液循环通道上，一般车辆都将其安装在出水室上。图 2-34 所示为某车型的冷却液温度传感器的安装位置。冷却液温度传感器位于点火线圈旁。

图 2-34 某车型的冷却液温度传感器的安装位置

冷却液温度传感器用于向发动机 ECU 提供冷却液温度信息。为发动机 ECU 提供冷却液温度信号，用于起动、怠速和正常运行时的点火正时、喷油脉宽的控制，同时该信号经 ECU 处理后向仪表提供冷却液温度信号，用以驱动冷却液温度表。

（1）根据冷却液温度进行燃油喷射修正控制　发动机 ECU 根据冷却液温度传感器信息在起动和预热时对燃油喷射量加浓。图 2-35 所示为车辆起动时根据冷却液温度信号进行喷油时间的加浓曲线。

起动时，基本喷射时间不能根据进入的空气量来计算。因为在起动时发动机转速较低，而进入空气量的变化较大。而且，冷却液温度越低，燃油的雾化性越差。因此，需增加喷射时间来得到较浓的混合气。起动时的燃油喷射时间要由冷却液温度来决定。起动时根据冷却液温度修正的燃油加浓，如图 2-35 所示。冷却液温度由冷却液温度传感器来检测。如果温度传感器失灵，可考虑这是引起起动性较差的原因之一。

当发动机在冷机预热时，燃油不容易雾化，所以，燃油的喷油量就需增加。当温度较低时，需增加燃油喷射时间，来获得较浓的混合气，从而达到较好的行车性。预热时根据冷却液温度修正的燃油加浓，如图 2-36 所示。最大校正量是常温下的两倍。如果温度传感器失灵，可考虑这是引起发动机行车性较差的原因之一。

（2）根据冷却液温度进行点火提前角修正控制　发动机 ECU 根据冷却液温度传感器信息进行点火提前角修正控制。点火提前角预热校正曲线如图 2-37 所示，当冷却液温度太低，而要改善发动机的行车性时，使点火时间提前。某些机型的发动机为了适合进入的空气质量，而进行提前角校正。在极冷的条件下，通过该校正功能可将点火提前角提前大约 48°。

点火提前角过热校正曲线如图 2-38 所示。当冷却液温度极高时，点火时间将被延迟，以防止爆燃或过热。

图 2-35　车辆起动时根据冷却液温度信号进行喷油时间的加浓曲线

图 2-36　预热时根据冷却液温度修正的燃油加浓

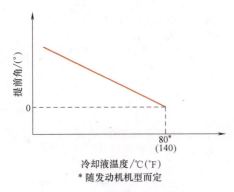

图 2-37　点火提前角预热校正曲线

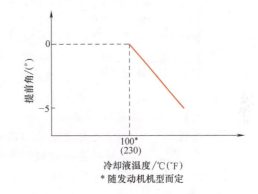

图 2-38　点火提前角过热校正曲线

2. 冷却液温度传感器的结构及原理

冷却液温度传感器是一个负温度系数的热敏电阻。冷却液温度传感器的结构如图 2-39 所示。负温度系数的热敏电阻装在一个铜质导热套筒里面。ECU 通过内部一个分压电路将热敏电阻的阻值变化转化成一个变化的电压，从而监测冷却液温度的变化（ECU 内部构造）。其电阻值随着冷却液温度上升而减小，但不是线性关系，图 2-40 所示为冷却液温度传感器的特性曲线。

3. 冷却液温度传感器的故障分析

（1）故障现象　当冷却液温度高于其可信的上限值，冷却液温度低于其可信的下限值时，发动机故障灯点亮，发动机进入故障模式运行，ECU 按照发动机冷却液温度故障模式时设定的冷却液温度进行点火和喷油控制，同时风扇开始高速运转。

如果冷却液温度传感器信号出现故障，可能会观察到下列症状：

1）冷起动困难。

2）热起动困难。

3）驾驶性能差。

4）如果传感器到电源的电路短路，则发动机将会以默认值运转。

5）温度表读数过高。

6）温度表读数过低。

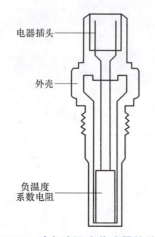

图 2-39 冷却液温度传感器的结构

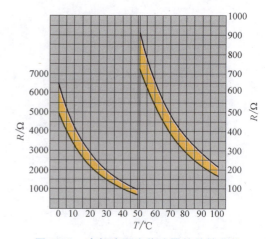

图 2-40 冷却液温度传感器的特性曲线

7）冷却风扇持续以快速模式运行。

8）当温度指示低时，高温警告灯闪亮。

（2）冷却液温度传感器故障原因

1）传感器断路。

2）传感器信号至电源供给的电路短路。

3）传感器信号与搭铁电路短路。

4）不正确的机械安装。

课堂互动：1. 如果冷却液温度传感器出现故障，车辆将会出现什么情况？

2. 怎样检查冷却液温度传感器？

冷却液温度传感器故障案例

故障现象：

一辆上海桑塔纳 2000GSi 型（时代超人）轿车，装配 AJR 电喷发动机，行驶了 13 万 km。该车早晨发动车或者停车一两个小时后发动车，起动困难，热机时起动良好，发动机发动后一切良好。

检测与修理

出现这种现象，往往与燃油的蓄压和冷却液温度传感器有关。首先，冷机时松开进油管，发现刚刚松开就有燃油喷射出来，判断不是燃油蓄压的问题。于是，用 X-431 检测，有故障码 00522，为冷却液温度传感器（G62）故障。拆下冷却液温度传感器（该车装配 ELTH-卢森堡公司生产的 501A 型冷却液温度传感器）进行常温（20℃）检测，如图 2-41 所示，检测 1、3 端子，发现电阻值为 24.3Ω，与标准电阻相差很大（20℃时的电阻值应为 2250~3000Ω，100℃时的电阻值应为 150~225Ω），24.3Ω 事实上反映的是发动机温度高于 100℃时的热机状态。

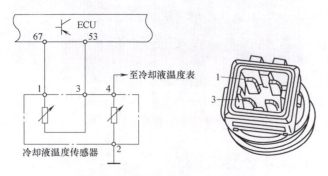

图 2-41 桑塔纳 2000GSi 的冷却液温度传感器连接电路图与端子

由于冷却液温度传感器感知冷却液温度错误，致使 ECU 把冷机起动当作热机起动，没有提供浓混合气，所以冷起动就很困难。更换一支冷却液温度传感器，发动机冷起动正常，故障排除。

单元五 氧传感器和三元催化器的结构和工作原理

学习目标

1. 了解氧传感器和三元催化器(三元催化转化器)的结构及工作原理。
2. 了解氧传感器和三元催化器的功能。
3. 了解氧传感器和三元催化器的故障现象。
4. 了解氧传感器和三元催化器的故障案例。

课程准备

知识准备：人们早就知道，某些固体氧化物、卤化物和硫化物等具有离子导电性能，最著名的是 1989 年能斯特发现的稳定氧化锆在高温下呈现的离子导电现象。在此后的一段时间内，尽管人们对这种具有离子导电性能的物质——固体电解质进行了种种研究，但始终进展不大。直到 1957 年，K. kiukkala 和 C. Wagner 首次用固体电解质组装原电池并从理论上阐明其原理以后，这方面的研究和应用才得以迅速发展。在所有的固体电解质中，氧化锆是目前研究和开发应用得最普遍的一种。它不仅用来作为高温化学平衡、热力学和动力学的研究，而且已在高温技术，特别是高温测试技术上得到广泛应用。氧探头这种以氧化锆固体电解质为敏感元件，用以测定氧含量的装置就是个典型的例子。1961 年，J. Weissbart 和 R. Ruka 研制成功的第一个氧化锆浓差电池测氧仪。20 世纪 70 年代初出现商业用氧化锆氧探头以后，引起科学界和工业界的普遍重视，特别是德国、日本和美国等国都进行了深入的研究和产品开发工作。到 20 世纪 70 年代中期，氧探头的理论和实践已趋成熟，开发出了多种结构形式的氧探头。

由于氧探头与现有测氧仪表(如氧分析器、电化学式氧量计和气相色谱仪等)相比，具有结构简单、响应时间短、测量范围宽[从万分含量到百分含量、使用温度高(1600～1200℃)]、运行可靠、安装方便、维护量小等优点，因此在冶金、化工、电力、陶瓷、汽车和环保等工业部门得到广泛的应用。

电喷发动机控制系统中有一个非常重要的传感器，用来监测发动机排气中氧的含量或浓度，并把浓度信号以电压的形式反馈给 ECU，从而控制喷油量的大小，进行闭环控制。它通常安装在排气系统中，直接与排气气流接触。那么这个传感器是什么传感器呢？它是怎样工作的呢？

5.1 三元催化器的结构及工作原理

1. 氧传感器和三元催化器的安装位置

现在的车辆上基本都安装有两个氧传感器，分别安装在三元催化器的前端和后端。安装在三元催化器前端的氧传感器称为前氧传感器，后端的氧传感器称为后氧传感器。某车型前后氧传感器和三元催化器的安装位置如图 2-42 所示。

2. 三元催化器的功能

为了净化尾气中有害的成分，特别是汽车尾气中排出的 CO、HC 和 NO_x 等有害

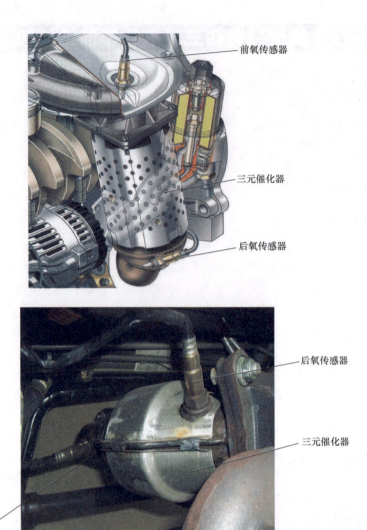

图 2-42　某车型前后氧传感器和三元催化器的安装位置

气体，车辆上都安装了三元催化器。通过三元催化器中发生的氧化和还原反应，将有害成分转变为无害的 CO_2、H_2O 和 N_2。三元催化器的载体部件是一块多孔陶瓷材料，安装在特制的排气管当中。称它是载体，是因为它本身并不参加催化反应，而是在上面覆盖着一层铂、铑和钯等贵重金属。

当高温的汽车尾气通过净化装置时，三元催化器中的催化剂将增强 CO、HC 和 NO_x 三种气体的活性，促使其进行一定的氧化-还原化学反应，其中 CO 在高温下氧化成为无色、无毒的 CO_2 气体，HC 化合物在高温下氧化成 H_2O 和 CO_2，NO_x 还原成 N_2 和氧气（O_2）。三种有害气体变成无害气体，使汽车尾气得以净化。

三元催化器的工作原理如图 2-43 所示，三元催化器内部分为氧化腔和还原腔。还原腔在前，氧化腔在后。这是因为还原后的 O_2 可以参与到氧化反应中。

1）CO 和 HC 的氧化反应。

$$2CO+O_2=2CO_2 \qquad CO+H_2O=CO_2+H_2 \qquad 2C_xH_y+(2x+1/2y)O_2=yH_2O+2xCO_2$$

2）NO 的还原反应。

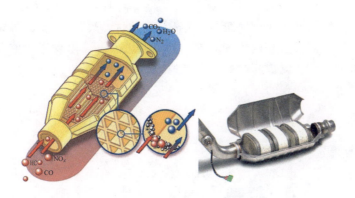

图 2-43 三元催化器的工作原理

$$2NO+2CO=2CO_2+N_2 \qquad 2NO+2H_2=2H_2O+N_2$$
$$C_xH_y+(2x+1/2y)NO=1/2yH_2O+xCO_2+(x+1/4y)N_2$$

3) 其他反应。

$$2H_2+O_2=2H_2O \qquad 5/2H_2+NO=NH_3+H_2O$$

三元催化器同时降低三种排气污染物的效果只有在汽油机化学当量燃烧,也就是过空气系数为1时才能实现。三元催化器净化效率及氧传感器电压变化图如图2-44所示。因 NO_x 在三元催化器中的还原需要氢气(H_2)、CO 和 HC 等作为还原剂。当空气过量时,这些还原剂首先和氧反应,所以 NO_x 的还原反应就不能进行。当空气不足时,CO、HC 化合物则不能完全氧化。

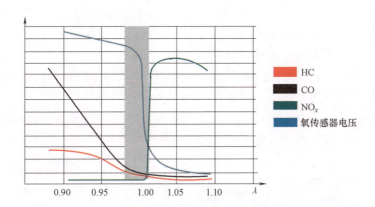

图 2-44 三元催化器净化效率及氧传感器电压变化图

5.2 氧传感器的结构及工作原理

1. 前氧传感器

(1) 前氧传感器的功能　前氧传感器(O₂S,Oxygen Sensor)通过检测废气中氧的含量,向 ECU 间接提供混合气含量,ECU 利用这一信息可以进行燃油量的闭环控制,使得发动机排气中三种主要的有毒成分,即 HC、CO 和 NO_x 能够在三元催化器中得到最大程度的转化和净化。在某些工况下,使混合气含量保证在理论值 14.7 左右。

（2）前氧传感器的结构和工作原理　目前车辆上常安装氧化锆式的氧传感器，氧化锆式氧传感器的外观和结构如图2-45所示。氧传感器的传感元件是一种带孔隙的陶瓷管，管壁外侧被发动机排气包围，内侧通大气。传感陶瓷管壁是一种固态电解质，内有电加热管。氧传感器的工作是通过将传感陶瓷管内外的氧离子浓度差转化成电压信号输出来实现的。

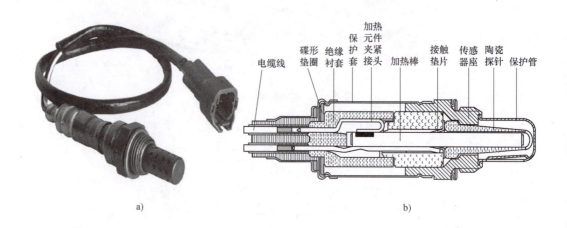

图2-45　氧化锆式氧传感器的外观和结构
a）氧传感器的外观　b）氧传感器的结构

氧传感器的工作原理和输出电压信号如图2-46和图2-47所示，当传感陶瓷管的温度达到350℃时，即具有固态电解质的特性。由于其材质的特殊，使得氧离子可以自由地通过陶瓷管。正是利用这一特性，将浓度差转化成电势差，从而形成电信号输出。若混合气偏浓，则陶瓷管内外氧离子浓度差较高，电势差偏高，大量的氧离子从内侧移到外侧，输出电压较高（接近800mV）；若混合气偏稀，则陶瓷管内外氧离子浓度差较低，电势差较低，仅有少量的氧离子从内侧移动到外侧，输出电压较低（接近200mV）。信号电压在理论当量空燃比（λ=1）附近发生突变。氧传感器很容易因为摔落、过热或污染而被损坏。在拿取时请勿使传感器外壳破损或翻转。

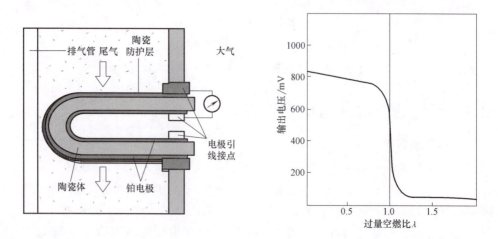

图2-46　氧传感器的工作原理　　　　图2-47　氧传感器的输出电压信号

> **注意**：氧传感器的工作电压在 0.1~0.9V 范围内波动，10s 内应该变化 5~8 次，低于这个频率说明传感器已老化，需要更换。该传感器无法修复。

（3）氧传感器的闭环控制　通过氧传感器电控发动机系统可以进行闭环控制，控制系统由发动机 ECU、三元催化器和前氧传感器等组成。闭环控制的元件组成如图 2-48 所示。发动机运转后，满足以下条件，进行混合气的闭环调节。调节的目标为理论空燃比或围绕 $\lambda=1$ 的范围进行调节。

1）传感器温度高于 300℃。
2）发动机温度高于 50℃。
3）发动机处于怠速或部分负荷范围内。

电控发动机系统进行闭环控制调节流程如图 2-49 所示。发动机控制单元根据发动机负荷、发动机转速、冷却液温度等信息计算出基本喷射时间。根据氧传感器关于 λ 的信息确定 λ 的修正系数，使 λ 保持在一个很窄的范围内波动。控制单元根据氧传感器信号针对过量空气系数调节计算出喷射时间的附加校正系数（增大/减小），在控制单元内还存储规定发动机不同运行状态的过量空气系数特性曲线族，当进行双点式调节时，将氧传感器信号转化为一个双点信号。

1）传感器确定浓混合气（传感器信号约为 0.8V），使混合气变稀。
2）传感器确定稀混合气（传感器信号约为 0.41V），使混合气变浓。
3）通过持续围绕 $\lambda=1$ 的范围波动进行调节，相当于 0.45V 的电压。

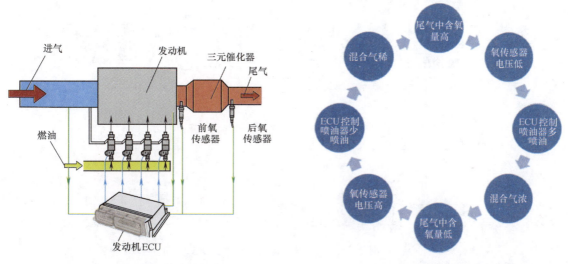

图 2-48　闭环控制的元件组成　　　图 2-49　电控发动机系统进行闭环控制调节流程

实测某车型氧传感器波形如图 2-50 所示，从波形图上看出，氧传感器产生交替变化的电压。

2. 自适应过量空气系数调节

当混合气长时间变稀时，过量空气系数控制电路必须持续使混合气变浓。如果这种状态持续较长时间，控制单元就会针对该负荷范围提高基本喷射量并存储此数值。此时重新产生空燃比 $\lambda=1$ 的混合气。氧传感器信号围绕该平均值波动。自适应过量空气系数调节原理如图 2-51 所示。这种调节将其称为过量空气系数调节，是因为这种调节具有自适应调节能力。

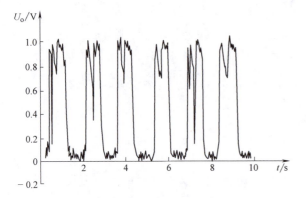

图 2-50 实测某车型氧传感器波形

图 2-51 自适应过量空气系数调节原理

3. 后氧传感器的功能

后氧传感器用于监测通过三元催化器后尾气中的氧含量，监测发动机原理如图 2-52 所示。发动机 ECU 根据监测到的前氧传感器和后氧传感器的信号，进行对比，用以监测三元催化器的工作效率。如果三元催化器的工作效率降低或者损坏后，ECU 检测到后氧传感器的信号剧烈变化后，就会点亮发动机故障灯，同时报后氧传感器故障，甚至采取限制性驾驶措施，以利于环保。

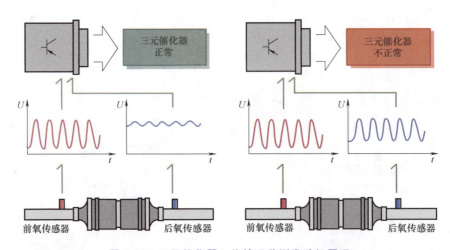

图 2-52 三元催化器工作情况监测发动机原理

在故障诊断期间，发动机 ECU 将不断比较前氧传感器和后氧传感器的信号，使之保持在一定的转换比例上。废气经过三元催化器处理后，剩余氧含量将大大减少，在后氧传感器上的电压脉动大大减少，由此，可以断定三元催化器处于良好工作状态。如果三元催化器工作不良或者有故障，则在氧化还原反应上无法完全对有害物质进行完全转变，在后氧传感器上的电压脉动与在前氧传感器上的电压脉动近似相同。如果前、后氧传感器信号的振幅、频率接近一致，则表明三元催化器失效。发动机 ECU 就会立刻通过发动机故障警告灯对外发出警报。

4. 对氧传感器的老化检测

在发动机运行过程中持续不断地监控氧传感器的工作灵敏度/老化性能、氧传感器信号电压以及氧传感器的预热器。

当氧传感器中毒或者老化后会对氧传感器产生不利的一面,这种中毒往往是由于汽油中的含铅成分过高,导致氧传感器铅中毒。当出现中毒或者老化后,将会观察到氧传感器的电压周期大大增加或者氧传感器的信号电压将变得平直。图 2-53 显示出氧传感器老化或中毒时发动机 ECU 的诊断原理。

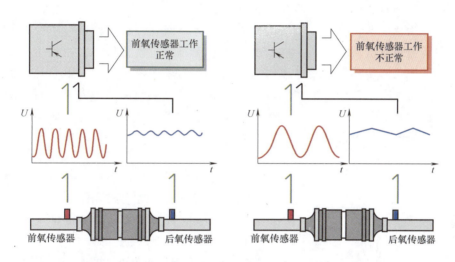

图 2-53　氧传感器老化或中毒时发动机 ECU 的诊断原理

5. 宽带型和宽域型氧传感器的工作原理

现代汽车为了省油,都趋向于稀薄燃烧,也就是空燃比为 10~20,相当于过量空气系数在 0.686~1.405 的范围,这样,原有的氧传感器就无法适应,于是宽带型氧传感器诞生了。宽带型氧传感器安装在三元催化器前,插头为 6 脚。宽带型氧传感器的结构示意图如图 2-54 所示。

宽带型氧传感器的基本控制原理就是以普通氧化锆型氧传感器为基础扩展而来的。氧化锆型氧传感器有一特性,就是当氧离子移动时会产生电动势。若相反,将电动势加在氧化锆组件上,即会造成氧离子的移动,根据此原理即可由发动机控制单元控制所想要的比例值。

宽域氧传感器是在普通开关型氧传感器的基础上增加了一个泵氧膜片。当发动机排放气体流经宽域氧传感器的头部时,它将反馈一个电压信号给控制器,告知控制器气缸

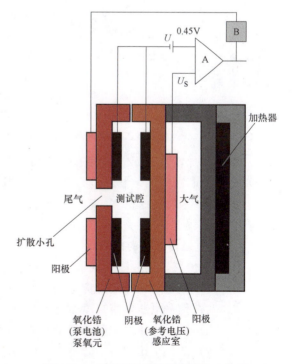

图 2-54　宽带型氧传感器的结构示意图

内混合气是稀了还是浓了；之后控制器将产生一个泵电流流经宽域氧传感器泵氧膜片，从而消耗过量的氧气或燃料，使气缸内混合气的浓度始终维持在理论值附近。

宽域氧传感器的工作原理如下：

1）采集传感器的反馈信号。

2）产生泵电流控制信号。

3）通过采集泵电流流经某一特定电阻产生的电压，得知泵电流的大小，再通过A-D转换输入到控制芯片。

构成宽带型氧传感器的组件有以下两个部分：

一部分为感应室，它的一面与大气接触而另一面是测试腔，通过扩散孔与排气接触，和普通氧化锆氧传感器一样，由于感应室两侧的氧含量不同而产生一个电动势，一般的氧化锆传感器将此电压作为控制单元的输入信号来控制混合比，而宽带型氧传感器与此不同的是：发动机控制单元要把感应室两侧的氧含量保持一致，让电压值维持在 0.45V，这个电压只是 ECU 的参考标准值，它就需要传感器的另一部分来完成。另一部分是传感器的关键部件泵氧元，泵氧元一边是排气，另一边是与测试腔相连。

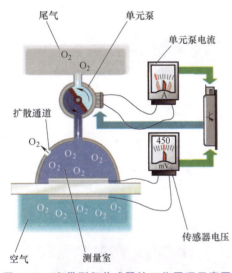

图 2-55 宽带型氧传感器的工作原理示意图

泵氧元就是利用氧化锆传感器的反作用原理（图 2-55），将电压施加于氧化锆组件（泵氧元）上，这样会造成氧离子的移动，把排气中的氧泵入测试腔当中，使感应室两侧的电压值维持在 0.45V。这个施加在泵氧元上变化的电压，才是需要的氧含量信号。如果混合气太浓，那么排气中含氧量下降，此时从扩散孔逸出的氧较多，感应室的电压升高。为达到平衡发动机控制单元，增加控制电流，使泵氧元增加泵氧效率，使测试腔的氧含量增加，这样可以调节感应室的电压恢复 0.45V；相反，若混合气太稀，则排气中的含氧量增加，这时氧要从扩散孔进入测试腔，感应室电压降低，此时泵氧元向外排出氧来平衡测试腔中的含氧量，使感应室的电压维持在 0.45V。总而言之，加在泵氧元上的电压可以保证当测试腔内的氧多时，排出腔内的氧，这时发动机控制单元的控制电流是正电流；当腔内的氧少时，进行供氧，此时发动机控制单元的控制电流是负电流。以上过程供给泵氧元的电流就反映了排气中的剩余空气含量系数。

6. 氧传感器的故障

氧传感器的故障表现形式如下：

1）信号电压超出可能范围。

2）信号电压响应速度过低。

3）信号电压跳变频率过低。

4）活性不足。

5）加热器加热过慢或不加热。

具体可能的原因如下：

1）锰中毒。虽然不使用含铅汽油了，但是汽油里的抗爆剂含有锰，燃烧后的锰离子或锰酸根离子就附着在氧传感器的表面，使之不能产生正常的信号。

2）积炭。氧传感器铂片表面积炭后，不能产生正常的电压信号。

3）氧传感器内部线路接触不良或断路，而无信号电压输出。

4）氧传感器陶瓷元件破损，而不能产生正常的电压信号。

5）氧传感器加热器电阻丝烧断或其电路断路，使氧传感器不能迅速达到正常工作温度。

课堂互动： 1. 请说出在三元催化器中发生的反应。

2. 请说出氧传感器的作用。

3. 如果氧传感器出现故障，车辆将会出现什么情况？

氧传感器故障案例分析

故障现象 1： 一辆宝来轿车，出现车辆加速无力、怠速不稳等现象。读取氧传感器故障码如图 2-56 所示，ECU 将会检测 01 ECU 内存在氧传感器加热电路断路故障和（废气再循环）（EGR）电位计故障。

检测与修理

氧传感器识别出故障码，意味着 λ 不调节，实测 01-08-001 组三区（图 2-57）显示为 0.0% 不变可证实这一点。

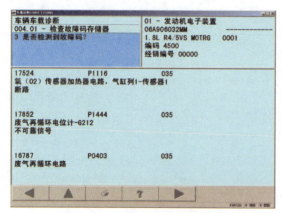

图 2-56 读取氧传感器故障码

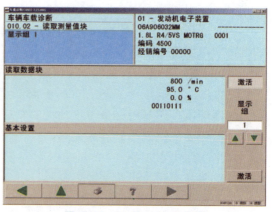

图 2-57 01-08-001 组数据

30 组也是氧传感器工作状态的观察点，01-08-30 第一区为前氧传感器状态校验值，规定值为 111；第 1 位为 1 代表 Lambda 加热器已接通，第 2 位为 1 代表 Lambda 调节已准备好，第 3 位为 1 代表 Lambda 调节在工作。图 2-58 显示为 100，说明发动机做好加热的控制，而 λ 调节不进行，此时后氧传感器自然也是不工作的。

检查前氧传感器的 3 脚，有控制 15V 电（怠速时常供电，打火时短时接通），4 脚受控于 ECU 的 T121/5 脚，实测控制搭铁工作正

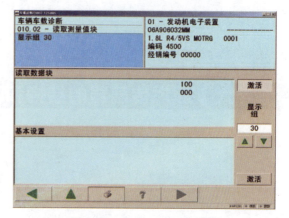

图 2-58 01-08-30 组数据图

常，再测量氧传感器的 3 脚和 4 脚，电阻为无穷大，说明氧传感器加热为断路状态，正常为 3Ω 左右的电阻。更换氧传感器后，各项调节指标恢复正常。

此外，氧传感器的老化引起的误传感也较常见，以下是一个显示混合气过浓的示例。

故障现象 2：有两辆一汽大众公司的捷达王轿车，分别行驶了 5 万 km 和 14 万 km。急速时排气管"突突"响；加油冒烟，行驶中换档时车辆闯动。用大众公司的 V.A.G 1552 故障检测仪检测到 3~4 个故障码，除"空气质量计信号不可靠"的故障码之外全部显示"SP"。大众公司的各种检测仪上"SP"均表示偶然故障。故障发生的原因不外乎以下几种情况：发动机运转或点火开关打开的过程中拔下了某个电器插头，某个传感器或执行器的插头虚接。这时用"05"功能消除故障码，除"空气质量计信号不可靠"之外的故障码全部消掉且发动机工况明显变好。如果盲目地认为空气质量计有故障，更换或不采取任何措施，行驶一段时间后，上述现象再次出现。这说明问题根本没有得到彻底解决。

检测与修理

需要说明的是捷达王的发动机管理系统是闭环控制，如果它发生故障或反应迟钝，可能造成空气质量计损坏的假象。连接在熔丝继电器座右侧的诊断插座，用 V.A.G1552 的"08"读取数据块的显示组号"07"，发动车之后，屏幕将出现：

Read Measuring Value Block?

观看"2 位置"的氧传感器的电压，将有以下三种情况：

1）电压不断地在 0.1~1.0V 范围内跳动，1min 约变化 20 次，λ 调节正常。
2）0.1~0.3V：残余氧较多，混合气稀；0.7~1.0V：残余氧较少，混合气浓。
3）当电压保持在 0.45~0.5V 时，传感器不工作。

实测时一辆车"λ 电压"在 0.45~0.5V；另一辆车在 0.7~1.0V 范围内且变化缓慢。说明氧传感器没有参与发动机的管理系统或它向 ECU 发出了错误的修正信号。这时首先要测试氧传感器的加热。

用电阻表测 1~2 间的电阻，正常时为 1~5Ω，当温度上升时，电阻迅速升高。如果是通路，再检测加热电源，将电压表接在"1"和搭铁点间，应为电源电压。如果两项检测都正常，还应检测传感器信号线路的电压，拔下传感器插头；电压表选择"2V"的量程，接在 ECU 侧的 λ 插头 3 和 4 端之间，打开点火开关，标准值为（450±50）mV，如果数值不对且线路正常，更换发动机 ECU。

所修两辆车的上述检测全部没问题，判断肯定是氧传感器出了问题，更换之后，发动机恢复正常。

单元六　爆燃传感器的结构和工作原理

学习目标

1. 了解爆燃传感器的结构及工作原理。
2. 了解爆燃传感器的故障现象。
3. 了解爆燃传感器的故障案例。

课程准备

知识准备： 当汽油机正常燃烧时，火花塞点火后经过短暂的着火延迟期的准备，在电极间隙附近形成火焰核心，火焰从火焰核心以 30～40m/s 的速度向四周的未燃混合气区传播，使燃烧室内混合气循序燃烧，直至结束。

图 2-59 是一种发动机不正常燃烧产生的严重后果，这种不正常的燃烧现象叫作爆燃。那么在什么情况下还会产生这种现象呢？在出现这种情况之前怎样预防它的发生呢？

图 2-59 发动机爆燃导致的活塞连杆损坏

6.1 爆燃

1. 爆燃的概念

爆燃是汽油机中一种不正常燃烧的现象。通过高速摄影研究汽油机爆燃时发现，在汽油机燃烧室内火焰传播过程中，远离火花塞的未燃混合气（末端混合气），被已燃混合气的膨胀所压缩，此处的局部温度因热辐射作用而超过燃料的自燃温度，从而产生自发反应，形成一个或多个火焰核心，即在正常火焰传播到以前先行发火自燃，发出极强的火光，燃烧温度常在 4000℃ 以上，火焰传播速度达 200～1000m/s，比正常燃烧的火焰传播速度高几十倍。高速传播的燃烧使气缸内产生压力冲击波，并在气缸壁面上反射和反复冲击，造成强制振动并产生高频噪声，即敲缸现象。压力波的冲击使壁面的气膜减薄，向气缸壁的传热损失增大，结果功率下降、燃料消耗率上升、汽油机过热、冷却液和机油温度升高。持久的爆燃破坏气缸壁油膜，加剧气缸壁的磨损，严重时会使机件损坏。

2. 造成爆燃的最主要原因：

1）点火提前角过于提前。为了使活塞在压缩上止点结束后，一进入做功行程能立即获得动力，通常都会在活塞达到上止点前提前点火（因为从点火到完全燃烧需要一段时间）。而过于提早的点火会使得活塞还在压缩行程时，大部分油气已经燃烧，此时未燃的油气会承受极大的压力而自燃，从而造成爆燃。

2）发动机过度积炭。发动机于燃烧室内过度积炭，除了会使压缩比增大（产生高压），也会在积炭表面产生高温热点，使发动机爆燃。

3）发动机温度过高。发动机在太热的环境中运行，使得进气温度过高，或是发动机冷却液循环不良，都会造成发动机高温而爆燃。

4）空燃比不正确。过于稀的燃料空气混合比，会使得燃烧温度提升，而燃烧温度提高会造成发动机温度提升，当然容易爆燃。

5）燃油辛烷值过低。辛烷值是燃油抗爆燃的指标，辛烷值越高，抗爆燃性越强。压缩比高的发动机，燃烧室的压力较高，若是使用抗爆燃性低的燃油，则容易发生爆燃。

3. 避免爆燃发生的措施

避免爆燃的措施有：使用高辛烷值汽油，使用浓混合气燃烧，使末端混合气本身不易发火；降低进气温度，加强末端混合气的冷却，延迟点火时刻，以降低末端混合气的温度；利用可燃混合气的湍流和旋流，提高正常火焰传播速度，或设计紧凑的燃烧室，合理布置火花塞位置，缩短火焰传播距离，以缩短正常火焰传至末端混合气的时间。

6.2 爆燃传感器的结构及工作原理

1. 爆燃传感器的安装位置

爆燃传感器（KS，Knock Sensor）位于缸体的一侧，如果是四缸发动机，一般在第二缸附近。爆燃传感器的安装位置如图2-60所示。

2. 爆燃传感器的功能

爆燃传感器监测发动机燃烧室内混合气的燃烧状况是否有爆燃趋势，向ECU提供爆燃信号，便于ECU更好地控制点火提前角。在发动机工作过程中，如果爆燃传感器信号中断，ECU会将各缸的点火提前角推迟一定的时间。这时，汽车在行驶过程中，驾驶人就会明显感到发动机动力不足。

图2-60 爆燃传感器的安装位置

3. 爆燃传感器的工作原理

爆燃传感器是一种振动加速度传感器，它产生一个与发动机机械振动相对应的输出电压。其中一种类型的爆燃传感器内含有一个陶瓷压电晶体，该晶体振荡产生电压信号。如果发动机产生爆燃，ECU会接收到这个信号，滤去非爆燃信号并进行计算，通过凸轮轴与曲轴位置传感器信号判断发动机在工作循环中所处的位置，ECU据此计算出是第几缸发生爆燃，将会推迟此缸的点火提前角直到爆燃现象消失。然后再次提前点火提前角，直到使点火提前角处于当时工况下的最佳位置。爆燃传感器的结构和工作原理如图2-61所示。

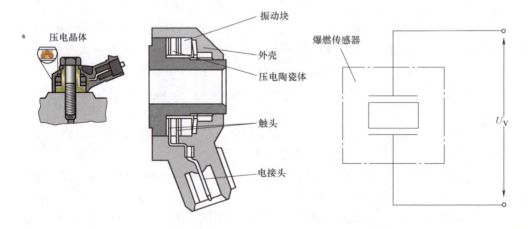

图2-61 爆燃传感器的结构和工作原理

4. 爆燃传感器的故障

当某一爆燃传感器失灵时，ECU会减小相应气缸的点火提前角；当所有的爆燃传感器都失灵时，发动机管理系统就会进入爆燃调节应急模式，并统一减小各缸的点火提前角。这时无法提供全部的发动机功率。

6.3 爆燃控制原理

爆燃是一种危险的瞬间的自燃现象，具有可再发生性，即爆燃有时自动诱发爆燃。发生爆燃后，ECU会根据爆燃传感器的信号修正点火提前角以消除爆燃，控制方法如下：

输入到发动机的信号包括爆燃传感器信号、霍尔传感器信号和发动机温度信号。图 2-62 所示为带有两个爆燃传感器的爆燃控制硬件布置。

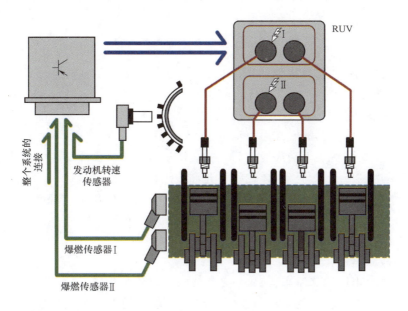

图 2-62　带有两个爆燃传感器的爆燃控制硬件布置

由爆燃引起的振动在爆燃传感器内转化为电压信号，并传输给发动机管理系统。在该系统中对每个气缸的爆燃识别信号进行分析。爆燃会导致相关气缸朝"延迟"方向调节点火时刻，如果不再出现爆燃，会朝"提前"方向逐渐调节点火时刻，直至达到所存储特性曲线族的点火提前角，并依据爆燃强度输入信号，由微处理器控制延迟点火提前角的大小。

点火提前角的调节过程控制如图 2-63 所示。当任何一缸产生爆燃时，ECU 立即减小一定的点火提前角。当接下来工作的气缸依据点火顺序再产生爆燃时，同样再减小点火提前角。以此类推，逐渐减小点火提前角。当发动机不产生爆燃时，则在一定时间内，维持当前的点火提前角。在此期间，若有爆燃发生，也同样减小点火提前角；若无爆燃发生，则又逐渐地增大点火提前角，一直到产生爆燃时，又恢复前述的反馈控制。

ECU 借助霍尔传感器识别分缸爆燃信号。针对各缸的爆燃调节称为分缸爆燃调节。分缸爆燃调节可在不考虑燃油质量、压缩比和发动机老化的情况下，使各个气缸在其整个使用过程中几乎所有运行条件下都能以接近爆燃限值的方式运行。针对各个气缸得出的不同爆燃限值，以及新的点火时刻和取决于运行时刻的点火延迟调

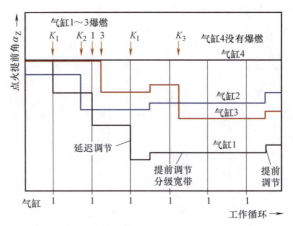

图 2-63　点火提前角的调节过程控制

节都存储在 ECU 内的点火特性曲线族内,并根据变化的发动机运行条件进行调节(自适应爆燃调节)。

爆燃传感器的安装要求

1)一般爆燃传感器的安装力矩为 (20 ± 5) N·m。

2)确保安装凸台表面洁净无油污,安装应确保其金属面紧贴在气缸体上。

3)安装时在传感器与气缸体之间不允许使用任何类型的垫片。

4)爆燃传感器的信号电缆布线时应该注意,不要发生共振,避免断裂。

课堂互动:1.请说明爆燃传感器对点火提前角的调节过程。

2.请说出爆燃传感器的检测方法。

爆燃传感器故障案例

故障现象:丰田佳美轿车,3VZ-FE 型 V63.0L 多点电喷发动机。该车因机械故障更换了不包括附件在内的发动机总成。将原发动机的附件装到新发动机上后,发动机冷却液温度在 60℃ 以下时动力正常,车辆运行良好;当温度升高到 90℃ 时,发动机突然动力不足,车速下降,有制动的感觉,随即发动机故障灯亮。

检测与修理

读取故障码为 52,内容是爆燃传感器故障。拆卸爆燃传感器并对其进行检查,发现第一爆燃传感器的塑料插头损坏老化,信号输出端子松动。更换塑料插头并对松动的端子用黏结剂固定后装上发动机。试车,故障依旧。再次检查爆燃传感器,测得其信号输出端子与外壳间的绝缘电阻大于 $10\mathrm{k}\Omega$,证明内部没有短路。但是,用汽车数字万用表检查,无信号输出,证明传感器已坏。

更换新的爆燃传感器后,故障排除。当发动机温度降低时,燃烧室温度也低,没有爆燃现象,故汽车行驶正常。当发动机升温后,因燃烧室温度升高而发生爆燃,发动机动力下降。这时如果爆燃传感器良好,它就会向 ECU 输出爆燃信号。ECU 便立即推迟点火时刻,以消除爆燃,使发动机维持正常工作。该发动机的爆燃传感器不能输出信号,控制不了爆燃,因此发动机温度升高后,工作失常。

模块三

进气系统的结构及工作原理

引言

把空气或混合气导入发动机气缸的零部件集合体称为发动机进气系统。进气系统包含了空气滤清器、进气歧管和进气门等机构。空气经空气滤清器过滤掉杂质后,流过空气流量计,经由进气道进入进气歧管,与喷油器喷出的汽油混合后形成适当比例的油气,由进气门送入气缸内点火燃烧,产生动力。为了增加进气系统的效率,提高发动机的动力,降低油耗,现代发动机在进气系统中都采用了可变进气道、可变配气正时、可变气门升程和涡轮增压等技术。本章将重点介绍发动机进气系统所采用的各种进气控制技术。

学习目标

1. 进气系统的组成及功能。
2. 进气系统的结构及工作原理。
3. 进气系统的故障案例。

!!! 小知识

容积效率

当发动机运转时,每一循环所能获得的空气量多少,是决定发动机动力大小的基本因素,而发动机的进气能力是由发动机的容积效率及充填效率来衡量。容积效率的定义是每一个进气行程中,气缸所吸入的空气在大气压力下所占的体积和气缸活塞行程容积的比值。由于在进行吸气行程时,会遭受各种的进气阻力,加上气缸内的高温作用,因此将吸入气缸内的空气体积换算成一大气压下的状态时,一定小于气缸的体积,也就是说自然吸气发动机的容积效率一定小于1。进气阻力的降低、气缸内压力的提高、温度降低、排气回压降低和进气门面积加大都可提高发动机的容积效率,而发动机在高转速运转时会降低容积效率。

充填效率

由于空气的密度是因进气系统入口的大气状态(温度、压力)不同而有所不同,因此容积效率并不能表现实际上进入气缸内空气的质量,于是必须靠充填效率来说明。充填效率的定义是每一个进气行程中所吸入的空气质量与标准状态下(1个大气压,20℃,密度为1.187kg/cm^3)占有气缸活塞行程容积的干燥空气质量的比值。在大气压力高、温度低和密度高时，发动机的充填效率也将随之提高。由此也可看出，容积效率所表现的是发动机构造及运转状态所造成发动机性能的差异，充填效率表现的则是运转当时大气状态所引起发动机性能的变化。

惯性效应

　　进气阀门打开，当空气流入气缸内时，由于惯性的作用，即使活塞已经到达下止点，空气仍将继续流入气缸内，若在气缸内压力达到最大时，关闭进气阀门，容积效率将成最大，此效应称为惯性效应。若想得到最佳的容积效率必须同时考虑脉动效应及惯性效应，也就是说在气缸压力达到最大，关闭进气阀门的同时，前方进气歧管内的压缩波也同时达到最高的位置（波峰）。较长的进气歧管在发动机低转速时的容积效率较高，最大扭力值会较高，但随转速的提高，容积效率及扭力都会急剧降低，不利高速运转。较短的进气歧管则可提高发动机高转速运转时的容积效率，但会降低发动机的最大扭力及其出现时机。因此若要兼顾发动机高低转速的动力输出，维持任何转速下的容积效率，唯有采用可变长度的进气歧管。

单元一　可变进气道的结构及工作原理

学习目标

1. 掌握可变进气道的组成及结构。
2. 掌握可变进气道的工作原理。
3. 了解可变进气道的故障现象及引起故障的原因。

课程准备

　　知识准备：由于混合气是具有质量的流体，在进气管中的流动状态是千变万化的，工程上往往要运用流体力学来优化其内部设计，例如将进气歧管内壁打磨光滑减小阻力，或者刻意制造粗糙面营造气缸内的涡流运动。但是，汽车发动机的工作转速间隔高达数千转，各工况所需的进气需求不尽相同，这对普通的进气歧管是个极大的考验。于是，工程师对进气歧管进行了深层次的开发——让进气歧管"变"起来。

　　发动机有两个最重要的内容：低转速转矩和高转速功率。汽车在刚起步时和急加速超车时，要感觉有力就要有转矩。而车子最高速度快不快，这是关系到高速功率的问题。

1.1　可变进气道的功能

　　在汽车其他配置不变的情况下，如果用又细又长的进气歧管，在发动机低速的情况下，可以增大进气的气流速度和气压强度，并使得汽油得以更好地雾化，燃烧得更好。

　　相反，这样的配置也有缺点，就是当发动机提到高速时，由于歧管太细，在单位时间里的进气量不够用，结果就是转速提不上去。这时就需要歧管又粗又短，这样才能吸入更多的气。

通过改变进气管的长度和截面面积，提高燃烧效率，使发动机在低转速时更平稳、转矩更充足，高转速时更顺畅、功率更强大。

同时进气歧管一端与进气门相连，另一端与进气总管后的进气谐振室相连，每个气缸都有一根进气歧管。当发动机在运转时，进气门不断地开启和关闭，当气门开启时，进气歧管中的混合气以一定的速度通过气门进入气缸；当气门关闭时，混合气受阻就会反弹，周而复始会产生振动频率。如果进气歧管很短，显然这种频率会更快；如果进气歧管很长，这个频率就会变得相对慢一些。如果进气歧管中混合气的振荡频率与进气门开启的时间达到共振，那么此时的进气效率显然是很高的。因此可变进气歧管，在发动机高速和低速时都能提供最佳配气。

1.2 可变长度的进气道结构

汽车用四冲程发动机的活塞上上下下往复两次循环才算完成一个工作循环，进气门只有1/4时间打开，这样在进气歧管内造成一个进气脉冲。发动机转速越高，气门开启间隔也就越短，脉冲频率也就越高，简单地说，进气歧管的振动也就越大。通过改变进气歧管的长度，来改进气流的流动。进气歧管被设计成类似蜗牛一般的螺旋状。可变长度进气道的结构及外观如图3-1所示。

以大众某车型为例，进气道长度可变的工作原理如图3-2所示。当发动机在

图3-1 可变长度进气道的结构及外观

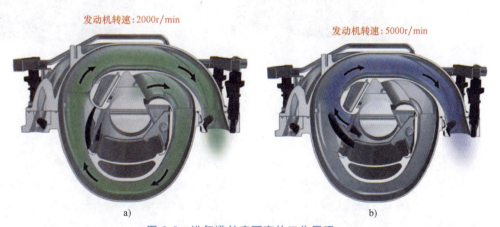

图3-2 进气道长度可变的工作原理
a）长进气道工作情况 b）短进气道工作情况

2000r/min 低转速运转时，黑色控制阀关闭，气流被迫从长歧管流入气缸，此时，进气歧管的固有频率得以降低，以适应气流的低转速。当发动机转速上升到 5000r/min，进气频率上升，此时控制阀开启，气流绕开下部导管直接注入气缸，这降低了进气歧管的共振频率，利于高速进气。

上面这种方式结构简单，但是只有两级可调，这显然不能完全满足各个转速下发动机的进气需求。解决的办法是设计一套连续可变进气歧管长度的机构。

宝马 760 装配的 V12 发动机就采用了该设计。宝马的进气机构中间设计了一个转子来控制进气歧管的长度，通过转子角度的变化，使进气气流进入气缸的长度连续可变。这显然更能满足各个转速下的进气效率。动力输出更加线性，扭力分布更加均匀，燃油经济性更加优秀。

1.3 可变长度进气歧管的控制

当汽油机低速运转时，发动机 ECU 指令转换阀控制机构关闭转换阀。这时，空气需经空气滤清器和节气门沿着弯曲而又细长的进气歧管流进气缸。细长的进气歧管提高了进气速度，增强了气流的惯性，使进气充量增多；当汽油机高速运转时，汽油机电子控制模块指令转换阀控制机构，打开转换阀，空气经空气滤清器和节气门及转换阀直接进入粗短的进气歧管。粗短的进气歧管，进气阻力减小，也使进气充量增多。进气歧管转换阀门的工作情况如图 3-3 所示。

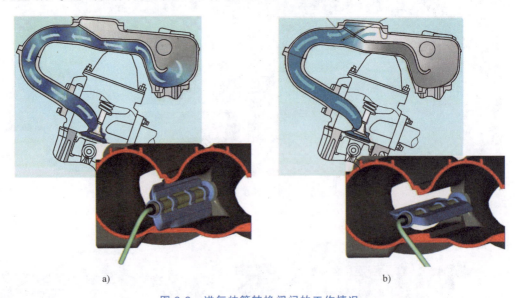

图 3-3　进气歧管转换阀门的工作情况
a) 进气歧管转换阀门关闭状态　b) 进气歧管转换阀门开启状态

以大众某车型为例，可变长度进气道控制如图 3-4 所示。

当发动机转速低于 4000r/min 时，可变进气道活动阀门关闭，空气通过较长的轨迹进入气缸，管内进气流具有较大的惯性，起到惯性增压的作用，可获得较大的转矩；当发动机转速超过 4000r/min 时，ECU 给电磁阀信号，使电磁阀打开，此时进气管内的低压空气进入到真空膜盒的右侧，而真空膜盒的左侧与大气相通，因此形成压力差 p_A（$p_A = p_o - p_u$），使膜片向右移动，从而通过连杆带动活门转动，此时空气通过较短的轨迹流入气缸内,可减小阻力,使发动机高速时获得较大的功率。

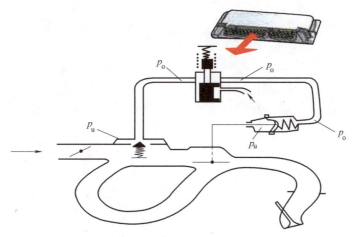

图 3-4　可变长度进气道控制

进气道长度转换电磁阀的结构及电路图如图 3-5 所示。

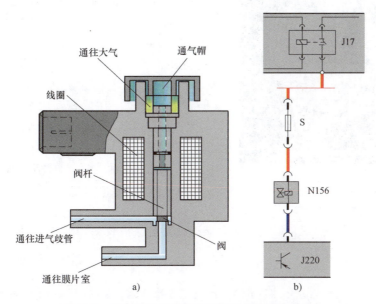

图 3-5　进气道长度转换电磁阀的结构及电路图
a) 进气道长度转换电磁阀的结构　b) 进气道长度转换电磁阀的电路图

进气道长度转换真空膜盒安装位置及膜盒内部结构如图 3-6 所示。

可变长度进气歧管不仅可以提高汽油机在中速、低速和中、小负荷时的动力性,即提高有效输出转矩;还由于它提高了汽油机在中速、低速运转时的进气速度,增强了气缸内的气流强度,从而改善了燃烧过程,使汽油机中、低速的最低燃油消耗率下降,燃油经济性有所提高。

此外,可变长度进气歧管还有减少汽油机废气排放量的作用。因为汽油机燃烧过程改善后,不仅油耗降低,经济性改善,汽油机的有害排气污染物的排放量也能适当减少,即轿车汽油机的排放净化性能也可适当改善。

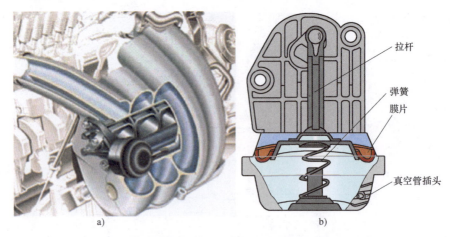

图 3-6 进气道长度转换真空膜盒安装位置及膜盒内部结构
a) 真空膜盒的位置 b) 真空膜盒的内部结构

1.4 变截面进气道的结构原理

根据流体力学的原理，管道的截面面积越大，流体压力越小；管道截面面积越小，流体压力越大。

根据这一原理，发动机需要一套机构，在高转速时使用较大的进气歧管截面面积，提高进气流量；在低转速时使用较小的进气歧管截面面积，提高气缸的进气负压，也能在气缸内充分形成涡流，让空气与汽油更好地混合。变截面进气道的结构原理如图 3-7 所示。

图 3-7 变截面进气道的结构原理

可变进气道故障案例

故障现象：一辆 2008 年产一汽大众迈腾轿车，搭载 1.8L TSI 发动机，行驶里程为 1800km。据客户反映，正常行驶过程中，仪表上的 OBD 灯点亮。

检测与修理

使用故障检测仪 VAS5051 进入发动机控制单元，显示存储的故障码为 08213，含义为进气翻板电位计 G336 范围/性能，故障码能够清除，但急踩两脚加速踏板后，故障码又会立即出现。出现故障码后，仪表上的 OBD 灯当时不报警，车辆行驶两天后 OBD 灯开始报警，但车辆正常行驶中无其他异常现象。

迈腾 1.8L TSI 发动机装备了可变进气歧管，当发动机转速为 3500r/min 以上时，发动机控制单元控制进气翻板动作来改变进气道的形状，以达到低速增矩和高速时提高输出功率的目的。当发动机转速达到 3500r/min 时，发动机控制单元向可变进气道电磁阀 N156 供电，N156 供电后电磁阀打开，为进气翻板真空单元提供真空。真空单元在真空的控制下将翻板转到全开位置，进气翻板位置的变化由进气翻板电位计 G336 将信号反馈给发动机控制单元。迈腾翻板电位计电路如图 3-8 所示。

根据存储的进气翻板电位计故障码，使用专用工具 V.A.G1594 线束诊断盒检查翻板电位计线路，测量进气歧管下的进气翻板电位计线束插头 T6 与发动机控制单元 J623 之间的电路，发现 T6/2 电路断路。检查 T6 插头，发现此条电路松脱，本以为故障找到了，但处理完此条电路后发现故障依旧。测量 T6/1 电路上的电压为 5V，T6/3 线路搭铁电阻为 0。当进气翻板在关闭位置时，测量 T6/2 电路上的电压为 3.7V；当进气翻板完全打开时，T6/2 电路上的电压为 1.3V，这些数据都是正常的。

既然进气翻板电位计 G336 的相关电路没有问题，那么进气翻板电位计 G336 出现故障的可能性很大，但是将进气翻板电位计 G336 更换后故障依旧。因为进气翻板电位计 G336 是将进气翻板的状态反映给发动机控制单元的，如果与其关联的部件（例如真空单元）出现故障，导致翻板不能正常开启，也有可能存储进气翻板电位计 G336 的故障码。仔细观察此车发动机在各工况下的状态，又发现了另一个故障现象：正常车辆只要急踩加速踏板，进气翻板真空单元会立即动作，进气翻板立即完全打开。而此车稍为迟钝一下才能打开，有时还不能完全打开，只有踩住加速踏板不动时才能完全打开。观察到此现象，意识到这才是真正的故障点。

当发动机转速达到 3500r/min 时，发动机控制单元向进气翻板电磁阀供电，目的是使进气翻板完全打开，但此车的进气翻板并没有完全打开，于是进气翻板电位计向发动机控制单元传递了一个翻板未完全打开的信号，所以发动机控制单元认为是进气翻板电位计出现了故障，就存储了进气翻板电位计的故障码。图 3-9 所示为迈腾进气翻板真空单元。

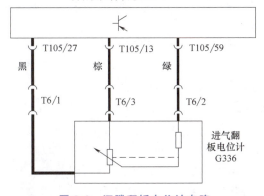

图 3-8　迈腾翻板电位计电路

图 3-9　迈腾进气翻板真空单元

进气翻板的真空单元能够动作，这说明进气翻板电磁阀控制电路无故障，那么故障原因可能与以下几种情况有关：进气系统真空度过低，真空管路存在漏气现象，进气翻板真空单元存在漏气现象，进气翻板电磁阀开启角度过小，进气翻板运动阻力过大。使用专用工具 V.A.G1368 真空表检查进气系统真空度，显示数值与正常车辆相同。是不是进气翻板阻力过大呢？用手拨动进气翻板，感觉阻力并不大，为了可靠，还是将进气歧管与正常车辆互换，故障还是不能排除。真空度测量没问题，进气歧管没有问题，那么问题会在哪呢？起动发动机，用手感觉一下真空单元上连接管路内的真空，总是感觉没有其他车的真空吸力大。

此车的真空由真空泵产生，主要供给制动真空助力器和进气翻板真空单元。制动真空助力器真空管内有两个单向阀，检查真空管内的单向阀正常，试着更换真空管，试车发现故障消失。仔细观察真空管，发现进气翻板真空单元出口处的管内径过小，管内的橡胶有粘连的情况。

用细针将粘连处的真空管内径捅大，再装复试车，故障彻底排除。

由于真空管出口过小，导致急加速时真空单元得不到足够的真空，因此出现了进气翻板动作缓慢的故障现象。此车测量的真空度虽然正常，但进气翻板打开时所需要的阻力很大，如果真空管出口稍小就不能提供打开瞬间所需要的动力。

单元二 可变气门正时和升程的结构及工作原理

学习目标

1. 了解可变气门正时和升程的功能。
2. 掌握可变气门正时和升程的结构及工作原理。
3. 了解可变进气道的故障现象及引起故障的原因。

课程准备

知识准备1：配气相位机构的原理和作用。

发动机的配气相位机构负责向气缸提供汽油燃烧做功所必需的新鲜空气，并将燃烧后的废气排出，这一套动作可以看作是人体吸气和呼气的过程。从工作原理上讲，配气相位机构的主要功能是按照一定的时限来开启和关闭各气缸的进、排气门，从而实现发动机气缸换气补给的整个过程。

气门的原理和作用又应该怎么理解呢？可以将发动机的气门比作是一扇门，门开启的大小和时间长短，决定了进出的人流量。门开启的角度越大，开启的时间越长，进出的人流量越大，反之亦然。同样的道理用于发动机上，就产生了气门升程和正时的概念。气门升程就好像门开启的角度，气门正时就好像门开启的时间。

知识准备2：气门重叠角对发动机性能的影响。

图3-10所示为气门重叠角及配气相位图，气门重叠的角度往往对发动机性能产生较大的影响，那么这个角度多大为宜呢？发动机转速越高，每个气缸一个工作循环内留给吸气和排气的绝对时间也越短，因此要达到更高的充气效率，就需要延长发动机的吸气和排气时间。

显然，当转速越高时，要求的气门重叠角度越大。但在低转速工况下，过大的气门重叠角则会使得废气过多地泄入进气端，吸气量反而会下降，气缸内气流也会紊乱，此时ECU也会难以对空燃比进行精确的控制，从而导致怠速不稳，低速转矩偏低。相反，如果配气机构只对低转速工况进行优化，那么发动机就无法在高转速下达到较高的峰值功率。所以发动机的设计都会选择一个折中的方案，不可能在两种截然不同的工况下都达到最优状态。

所以为了解决这个问题，就要求配气相位可以根据发动机转速和工况的不同进

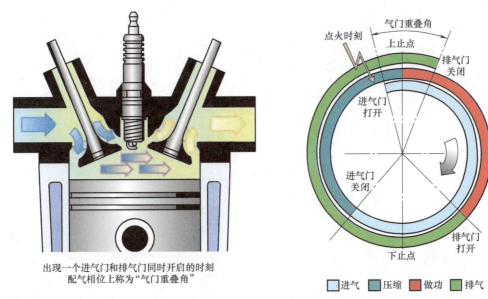

出现一个进气门和排气门同时开启的时刻
配气相位上称为"气门重叠角"

图 3-10 气门重叠角及配气相位图

行调节，高低转速下都能获得理想的进、排气效率，这就是可变气门正时技术开发的初衷。

2.1 可变配气正时系统的结构及工作原理

1. 可变配气正时系统的分类及组成

可变配气正时按调节的种类可以分为单侧调节和双侧调节。单侧调节只调整进气正时或排气正时，双侧调节则同时调整进气和排气的正时。

可变配气正时系统按调节控制器分类主要有两种类型，一种类型是活塞在外齿轮（相当于机壳）和内齿轮（直接附在凸轮轴连接）的螺旋齿条之间做轴向运动以改变齿轮轴状态。另一种为叶片槽式，本书讲解叶片槽式的类型。

可变配气正时系统主要由 ECU、叶片槽式调节器、凸轮轴调整电磁阀以及传感器等部分组成。

2. 可变配气正时系统的工作原理

可变气门正时技术在各个厂商的名称不同，但是实现的方式大同小异。其工作原理为：该系统由发动机 ECU 协调控制，发动机 ECU 以曲轴位置传感器、空气流量计和节气门位置传感器提供的信号为基础，结合发动机冷却液温度传感器和车速传感器信号，根据 ECU 中存储有气门最佳正时参数，计算出各行驶条件下的最佳气门正时（目标气门正时），并向相应凸轮轴正时机油控制阀传送目标占空比控制信号，控制正时机油控制阀动作，通过改变机油的流向、流量来驱动凸轮轴前端的控制器工作，从而实现配气正时的提前、滞后和保持不变。这套机构就是通过在凸轮轴的传动端加装一套液压机构，从而实现凸轮轴在一定范围内的角度调节，也就相当于对气门的开启和关闭时刻进行了调整。

同时，发动机 ECU 还根据凸轮轴位置传感器和曲轴位置传感器信号检测实际配气正时，与目标配气正时进行比较，通过反馈控制以达到目标配气正时。图 3-11 所示为可变配气正时控制原理。

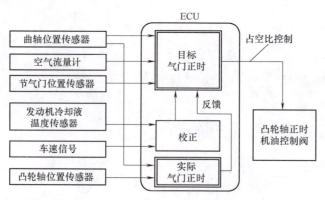

图 3-11 可变配气正时控制原理

3. 可变配气正时系统在发动机各工况下的控制目标

1）起动时,进排气门处于最大延迟状态以提高起动性能。

2）怠速时,消除进排气门重叠角,以减少进气侧回火,稳定怠速转速,提高燃油经济性。

3）当低温、低速和低负荷时,消除进排气门重叠角,以减少进气侧回火,确保发动机的稳定性。

4）当中负荷时,增大进排气门重叠角来提高内部废气再循环,以减少泵气损失,提高燃油经济性,改善排放控制性能。

5）当高负荷时,在低速到中速范围内,减小进气门迟闭角以提高充气效率,提高低速到中速范围内的转矩。

6）当高负荷时,在高速范围内,增大进气门迟闭角以提高充气效率,提高输出功率。

4. 可变配气正时油路的工作原理

控制阀套管上有一个与发动机润滑系统主油路相连的进油口,一个通往正时控制器提前工作腔的出油口,一个通往正时控制器延迟工作腔的出油口及两个回油排放口。正时控制器工作液压原理如图 3-12 所示。当发动机熄火时,滑阀在弹簧力的作用下处于最右端(最延迟状态),则延迟侧出油口与液压油相通,提前侧出油口与左排放口相通;当发动机工作时,滑阀往前移动,则延迟侧出油口与右排放口相通,提前侧出油口与液压油相通。滑阀的移动量取决于 ECU 发出的占空比指令。

1）配气正时提前。由发动机 ECU 控制凸轮轴正时调整电磁阀处于图 3-12a 所示位置,压力机油通过凸轮轴、叶片进入提前工作腔,油压推动叶片和凸轮轴向配气正时的提前方向旋转。

2）配气正时延迟。由发动机 ECU 所控制的凸轮轴正时机油控制阀处于图 3-12b 所示位置,压力机油通过凸轮轴、叶片进入延迟工作腔,油压推动叶片和凸轮轴向配气正时的延迟方向旋转。

3）保持。达到目标正时后,发动机 ECU 控制凸轮轴正时机油控制阀处于中间位置,关闭正时控制器油道保持油压,从而保持当前的配气正时状态,直至发动机运行状态改变。

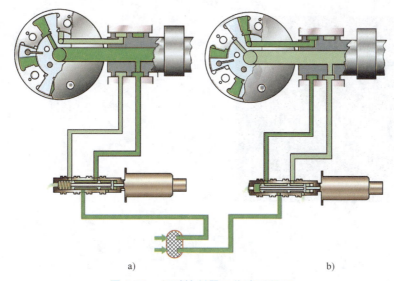

图 3-12　正时控制器工作液压原理
a）配气正时提前时控制情况　b）配气正时延迟时控制情况

正时控制器叶片为不同的工作位置如图 3-13 所示。

图 3-13　正时控制器叶片为不同的工作位置
a）正时控制器叶片左侧极限位置　b）正时控制器叶片右侧极限位置

5. 正时控制器的结构及工作原理

正时控制器及锁销的结构如图 3-14 所示，在控制器壳体内加工有四个叶片槽，叶片固定在凸轮轴上嵌装在叶片槽内，叶片的宽度小于壳体内圆上的叶片槽宽度，与壳体装配后叶片可在壳体的叶片槽内来回转动。每个叶片将壳体上的每个槽隔成两个工作腔，即提前工作腔和延迟工作腔。链轮与壳体接合端内侧加工有与工作腔对应的油槽，一端与相应的工作腔连通，另一端通过凸轮轴上的两条油道与凸轮轴正时机油控制阀连通。链轮与壳体通过螺栓联接为一个整体，由曲轴正时链轮通过正时链条驱动。由以上描述可知，由于凸轮轴与曲轴之间不再是直接通过正时链条相连，凸轮轴可相对于正时链轮转动，即相对于曲轴位置改变凸轮轴位置，从而实现配气正时的改变。

 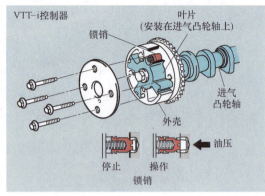

图 3-14 正时控制器及锁销的结构
a) 正时控制器的外观及安装位置 b) 正时控制器的结构

锁销组件由锁销和弹簧组成,锁销和弹簧装在叶片内。当发动机熄火时,叶片处于最大延迟状态,在弹簧力的作用下,锁销的一部分被推入链轮上的锁销子,将叶片和链轮锁定在一起,保证进气凸轮轴处于最大延迟状态,以维持起动性能及避免发动机刚起动时叶片及外壳之间发生撞击。链轮锁销孔由油道与控制油路相连,当发动机工作时,压力机油进入链轮锁销孔,锁销压缩弹簧而退出叶片锁销孔,叶片与链轮之间可相对转动。

当发动机停止时,进气凸轮轴被调整(移动)到最大延迟状态以维持启动性能。在发动机启动后,当油压并未立即传到控制器时,锁销便锁定控制器动作,以防撞击产生噪声。

6. 凸轮轴正时调整电磁阀的工作原理

凸轮轴正时调整电磁阀的作用是根据发动机 ECU 的占空比控制指令控制滑阀位置,从而控制通往正时控制器提前工作腔或延迟工作腔的油流方向和流量。控制阀由柱塞、电磁线圈、滑阀、回位弹簧及套管等组成,其结构如图 3-15 所示。

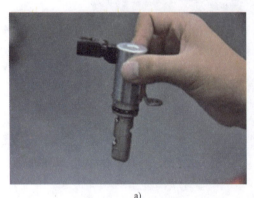 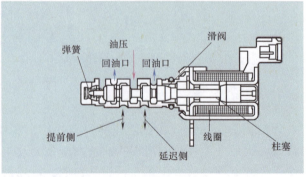

图 3-15 凸轮轴正时机油控制阀的结构及实物图
a) 正时机油控制阀的外观 b) 正时机油控制阀的结构

某车型排气凸轮轴正时机油控制阀的电路如图 3-16 所示。正时机油控制阀的 1 号端子为占空比信号输入端,与 ECU 的 B31 插接器 60 号端子相连;2 号端子为搭铁端，与 ECU 的 B31 插接器 61 号端子相连。进气凸轮轴正时机油控制阀电路与排气基本相同。

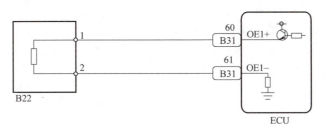

图 3-16　某车型排气凸轮轴正时机油控制阀的电路

2.2　可变气门升程的结构及工作原理

可变气门升程技术可以在发动机不同转速下匹配合适的气门升程，使得低转速下转矩充沛，而高转速时动力强劲。低转速时系统使用较小的气门升程，这样有利于增加缸内紊流，提高燃烧速度，增加发动机的低速转矩；而高转速时使用较大的气门升程可以显著提高进气量，进而提升高转速时的功率输出。

1. 本田 i-vtec

本田的可变气门升程系统（图 3-17），利用第三根摇臂和第三个凸轮即实现了看似复杂的气门升程变化。当发动机在中、低转速时，三根摇臂处于分离状态，普通凸轮推动主摇臂和副摇臂来控制两个进气门的开闭，气门升量较小。此时虽然中间凸轮也推动中间摇臂，但由于摇臂之间是分离的，所以两边的摇臂不受它控制，也不会影响气门的开闭状态。

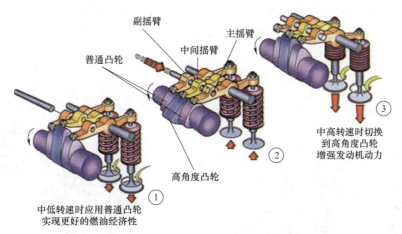

图 3-17　本田的可变气门升程系统

当发动机达到某一个设定的转速时，ECU 即会指令电磁阀启动液压系统，推动摇臂内的小活塞，使三根摇臂锁成一体，一起由高角度凸轮驱动，这时气门的升程和开启时间都相应地增大了，使得单位时间内的进气量更大，发动机动力也更强。这种在一定转速后突然的动力爆发极大地提升了驾驶乐趣。当发动机转速降到某一转速时，摇臂内的液压也随之降低，活塞在回位弹簧的作用下退回原位，三根摇臂分开。

这项技术在本田车型上的普及度较高，但是分段式的气门调节方式还是令发动机的动力输出不够线性。

2. 奥迪可变气门升程系统（AVS）

奥迪的可变气门升程系统（AVS）在设计理念上与本田的 i-vtec 有着异曲同工之妙，只是在实施手段上略有不同。这套系统为每个进气门设计了两组不同角度的凸轮，同时在凸轮轴上安装有螺旋沟槽套筒。螺旋沟槽套筒由电磁驱动器加以控制，用以切换两组不同的凸轮，从而改变进气门的升程。奥迪的 AVS 可变气门升程系统的结构如图 3-18 所示。

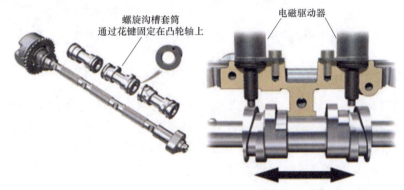

图 3-18　奥迪的 AVS 结构

奥迪的 AVS 高低速切换原理如图 3-19 所示。发动机在高负载的情况下，AVS 将螺旋沟槽套筒向右推动，使角度较大的凸轮得以推动气门。在此情况下，气门升程可达到 11mm，以提供燃烧室最佳的进气流量和进气流速，实现更加强劲的动力输出。当发动机在低负载的情况下，为了追求发动机的节油性能，此时 AVS 可变气门升程系统则将凸轮推至左侧，以较小的凸轮推动气门。

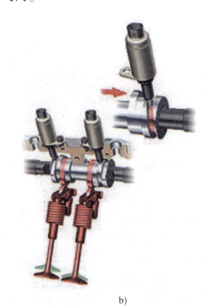

a)　　　　　　　　　　　　　　b)

图 3-19　奥迪的 AVS 高低速切换原理

a）低负载、低转速时切换至普通凸轮　b）高负载、高转速时切换至高凸轮奥迪 AVS 凸轮轮廓曲线如图 3-20 所示，两条绿线是普通凸轮的轮廓线曲线，两条黄线是高角度凸轮的轮廓线曲线，可以看到驱动同一气缸的两个进气门凸轮在升程和相位上存在差别。

AVS 可在 700~4000r/min 范围内工作，而搭配延迟点火、节气门关闭等动作，也能避免突来的扭力输出；驾驶在 AVS 动作时，仅会感受到顺畅的输出提升，以及自然的油门反应。此外 AVS 的最大优点是可降低约 7% 的燃油耗损。特别是以中转速进行定速巡航时，AVS 的节能效果最为明显。

在 AVS 的辅助下，气缸的进气流量控制程度较以往更为精准。一般发动机仅由节气门来控制进气流量，在低负载的情况下，节气门不完全开启所形成的空气阻力，往往会造成不必要的泵损。而应用 AVS 后，即便在低负载的情况下，节气门也能维持全开，由 AVS 精确控制进气流量。

奥迪这套系统的气门升程依然是两段式的，没有做到气门升程的无级调节，所以对进气流量的控制还不够精确。然而一个巧妙之处在于对同一气缸内两个进气门采用不同步的开启和关闭时间，从而实现油、气的充分混合。

3. 奥迪气缸按需运行（cylinder on demand）系统

对于一台多缸发动机而言，即便是在最经济的工况下，它也不会有着太过出众的油耗表现。气缸按需运行系统可以最大程度地改善多缸发动机在经济工况下的表现。例如以奥迪 8 缸发动机为例说明气缸按需运行系统的工作原理，当发动机冷却液温度处于 30℃ 以上，变速器处于 3 档以上，车辆对转矩的需求又处于发动机最大转矩的 25%~40% 范围内时，气缸按需运行系统自动由 8 气缸工作切换至 4 气缸工作状态。图 3-21 所示为奥迪 V 型 8 缸发动机的编号原则和气缸按需运行时关闭的气缸。当发动机以断缸的状态运转时，1、4、6、7 气缸组成的 V4 发动机来为车辆提供动力，而 2、3、5、8 气缸的进排气门关闭，因此会减少发动机的泵气及换气的损失，以达到更好的油耗表现。

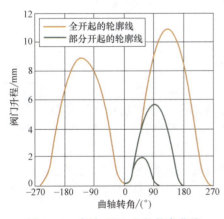

图 3-20 奥迪 AVS 凸轮轮廓曲线

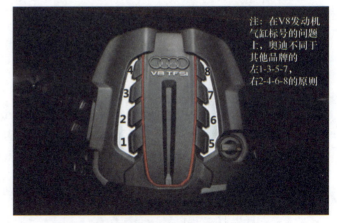

图 3-21 奥迪 V 型 8 缸发动机的编号原则和气缸按需运行时关闭的气缸

气缸按需运行系统是在原有的 AVS 可变气门升程系统的基础之上，在进排气两侧的凸轮轴上安装一套零行程的凸轮，每个凸轮轴由四个 AVS 电池阀进行控制。当达到气缸按需运行的条件时，AVS 电磁阀会将 2、3、5、8 气缸的凸轮轴切换至零角度凸轮，此时进排气两侧的凸轮轴则无法驱动气门完成进排气动作，与此同时，喷油系统停止了对相应气缸的燃油供给，点火系统也会停止工作。在这样的状态下，发动机 ECU 会根据车辆的负载以及发动机的工况来对动力输出进行调配。

通过 AVS 电磁阀来切换不同角度的凸轮，以改变气门的升程，气缸按需运行系统则是将原先的大角度凸轮改为零角度凸轮，从而实现气门的关闭动作。

4. 宝马的电子气门（Valvetronic）技术

宝马的电子气门系统在传统的配气相位机构上增加了一根偏心轴、一个步进电动机和中间推杆等部件，该系统借由步进电机的旋转，再在一系列机械传动后很巧妙地改变了进气门升程的大小。宝马的 Valvetronic 系统结构如图 3-22 所示。

当凸轮轴运转时，凸轮会驱动中间推杆和摇臂来完成气门的开启和关闭。当电机工作时，蜗轮蜗杆机构会首先驱动偏心轴发生旋转，然后中间推杆和摇臂会产生联动，偏心轴旋转的角度不同，最终凸轮轴通过中间推杆和摇臂顶动气门产生的升程也会不同，如图 3-23 所示。在电动机的驱动下，进气门的升程可以实现从 0.18～9.9mm 范围内的无级变化。

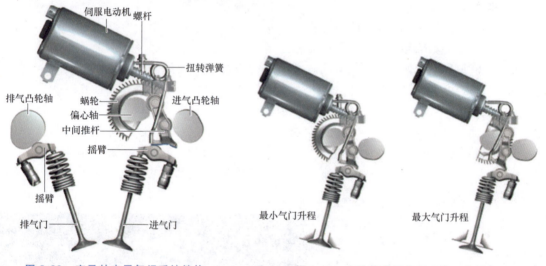

图 3-22　宝马的电子气门系统结构　　　　图 3-23　宝马的电子气门系统工作原理

宝马的电子气门技术已经覆盖了旗下的多款发动机，包括目前陆续推出的涡轮增压新动力。该技术能够让发动机对驾驶人的意图做出更迅捷的反馈，同时通过发动机管理系统对气门升程的精确控制，实现了车辆在各种工况和负荷下的最佳动力匹配。

宝马的这项技术已经十分成熟，而且通过不断地优化，电子气门技术也突破了转速的限制，可以应用在 M-power 的 V8 双涡轮增压发动机上。如何保证在正确的时间使气门升程处在合适的位置是这项技术的最大难点，不过它的确做到了对发动机进行更为精准和细致的调控管理。

可变配气正时及升程系统故障案例

故障现象： 一辆 2007 年款一汽丰田卡罗拉 GL 轿车，配备 1ZR-FE 发动机，行驶了 4.6 万 km。该车出现着车困难的故障，即使能着车，急速也很不稳定，抖动得很厉害，还出现了热车熄车马上再着车，转速会慢慢提高到 2800r/min，降不下来，熄火等 10min 后再着车现象。

检测与修理

维修人员首先进行故障现象检验,确实如客户反映的那样,要打几次电动机才能着车,而且发动机抖动得非常厉害,像要熄火,废气也很难闻。检查发动机故障灯(MIL),在发动机运转时能熄灭。在询问确认客户还没有做过油电路保养后,对该车进行了油电路保养,清洗了节气门、喷油器,更换了汽油滤清器,但是故障依旧。

引起发动机不好着车的可能故障原因包括:冷却液温度传感器信号不良,汽油喷射压力不足,喷油器泄漏,节气门电动机控制不良,进气门积炭过多等。经过检查,以上项目均未发现异常。

该车使用正时链条驱动凸轮轴,新车至今还没有拆换过正时链条,出现跳齿的可能几乎为零。但是该车采用了丰田的Dual VVT-i 可变气门正时技术,1ZR-FE 发动机配气相位如图 3-24 所示。

从图 3-24 中可以看出,进气门打开是在 1°~56°BTDC,关闭是在 65°~10°ABDC;排气门打开是在 51°~11°BBDC,关闭是在 3°~43°ATDC。也就是进气凸轮轴可以在 66°的范围内变化,排气凸轮轴也可以在 54°范围内变化。如此大的变化范围可相当于正时跳动了 5~6 个齿。

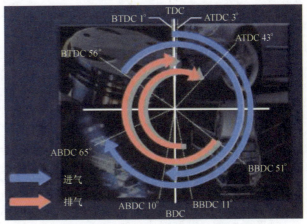

图 3-24 1ZR-FE 发动机配气相位

控制正时变化的是气门正时机油控制阀和 VVT-i 控制器。把进气侧气门正时机油控制阀拆下来检查,测量两端子之间的电阻是 7.2Ω,在 $6.9~7.9\Omega$ 范围内属于正常,按图 3-25 所示方法给控制阀通电,发现阀芯被机油积炭卡住不能自由移动,导致凸轮轴不能移动,配气相位错乱引起发动机工作不良。

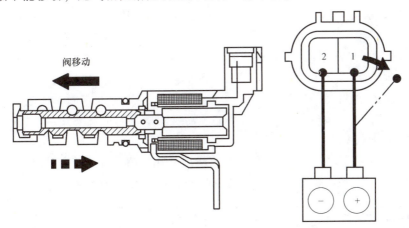

图 3-25 正时机油控制阀的检查方法

用清洗剂把阀芯清洗净,用机油润滑,再通电检查,阀芯可以自由移动,恢复正常。把排气侧的气门正时机油控制阀也拆下来检查,发现也有轻度的积炭滞塞,同样用清洗剂清洁润滑后,通电检查都恢复正常。把两个气门正时机油控制阀装复,试车,故障排除。

单元三 增压系统的结构及工作原理

学习目标

1. 了解废气涡轮增压系统的功能。
2. 了解废气涡轮增压系统的组成。
3. 掌握废气涡轮增压系统的结构及工作原理。
4. 了解废气涡轮增压系统的故障现象及引起故障的原因。

课程准备

知识准备：涡轮增压的英文名字为 Turbo，一般来说，如果在轿车尾部看到 Turbo 或者 T，即表明该车采用的发动机是涡轮增压发动机，如奥迪 A6 的 2.0T，帕萨特 1.8T，宝来 1.8T 等。

3.1 涡轮增压系统的分类

涡轮增压系统可以分为机械增压系统、气波增压系统、废气涡轮增压系统和复合增压系统等。

1. 机械增压系统

机械增压系统安装在发动机上，并由传动带与发动机曲轴相连接，从发动机输出轴获得动力来驱动增压器的转子旋转，从而将空气增压吹到进气歧管里。其优点是涡轮转速和发动机相同，因此没有滞后现象，动力输出非常流畅。但是由于装在发动机转动轴里面，因此还是消耗了部分动力，增压出来的效果并不高。

2. 气波增压系统

气波增压系统利用高压废气的脉冲气波迫使空气压缩。这种系统增压性能好，加速性好，但是整个装置比较笨重，不太适合安装在体积较小的轿车里面。

3. 废气涡轮增压系统

废气涡轮增压系统是利用发动机排出的废气惯性冲力来推动涡轮室内的涡轮，涡轮又带动同轴的叶轮，叶轮压送由空气滤清器管道送来的空气，使之增压进入气缸。一般而言，加装废气涡轮增压器后的发动机功率及转矩要增大 20%~30%。

4. 复合增压系统

复合增压系统即废气涡轮增压和机械增压并用，有效地利用了机械增压低转速时的扭力输出，和废气涡轮增压在高转速时拥有强大的功率输出。

3.2 废气涡轮增压系统的组成及工作原理

1. 废气涡轮增压系统的功能

一般发动机空燃比达到某一值后，再增加燃油，除了黑烟和未燃烧的燃油排到大气中外，不会产生更多的功率。废气涡轮增压发动机是利用发动机排出废气的能量将进入气缸的新鲜空气预先进行压缩，使发动机获得更高的充气效率，由于增加了压缩空气的量，所以允许喷入较多的燃油，使发动机在尺寸不变的条件下产生更大的功率，并具有更高的燃烧效率，降低了油耗。

（1）废气涡轮增压器的增压方式　废气涡轮增压器对发动机进气增压主要有两种方式，即定压增压和脉冲增压。定压增压是指排气管道涡轮前的压力几乎是恒定不变的，尽管各个气缸是交替排气的，但由于脉冲叠加和排气管的稳压作用，涡轮入口处的压力几乎是不变的。图3-26所示为涡轮定增压系统与脉冲增压系统示意图。

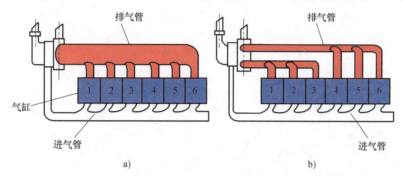

图3-26　涡轮定增压系统与脉冲增压系统示意图
a）定压系统　b）脉冲系统

脉冲增压是通过各个气缸不同时刻排出废气而形成脉冲，涡轮前的压力是发生变化的，压力波以脉冲的方式驱动涡轮。脉冲增压可实现涡轮增压器的快速响应特性（特别是在转速较低时），因为这个时候的脉冲最强，而在定压增压模式下，这时的涡轮前后压力差比较小。

（2）废气脉冲的产生　发动机气缸工作的四个行程中只有排气行程排出废气，那么涡轮增压器废气通道前的压力只有在气缸的排气行程时是最大的。在多缸发动机中，由于各缸的排气时刻不同，因此在涡轮增压器废气通道前就会产生相应废气脉冲。如单缸发动机，理论上曲轴每转720°中就有180°用于排气。图3-27所示为单缸发动机涡轮增压器前废气通道压力曲线图，用了非常简化的方式展示了单缸发动机废气涡轮增压器前的压力情况。

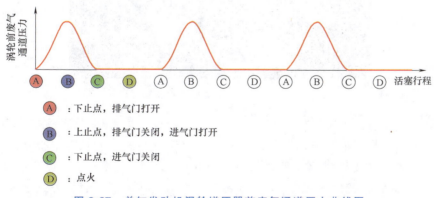

Ⓐ：下止点，排气门打开
Ⓑ：上止点，排气门关闭，进气门打开
Ⓒ：下止点，进气门关闭
Ⓓ：点火

图3-27　单缸发动机涡轮增压器前废气通道压力曲线图

在四缸发动机工作中，由于曲轴旋转两圈后，所有气缸均完成了各自的排气循环，所以720°曲轴转角内产生了四个压力波，点火间隔每隔180°的曲轴转角均匀分配。在此过程中压力波相互叠加，某一气缸压力下降时，下一气缸压力已经增大。如图3-28所示，叠加的作用会使得最小压力与最大压力差明显减小，因此压力波作用在涡轮上的脉冲也随之减小,进而导致废气涡轮增压器内的脉冲增压减少。

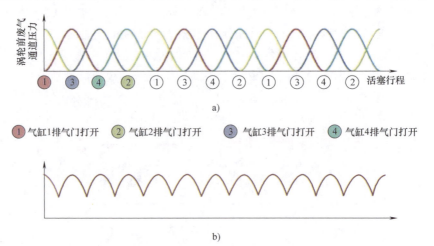

图 3-28　四缸发动机涡轮增压压力曲线图

a)四缸发动机涡轮增压器前废气通道压力曲线图　b)叠加后压力曲线图

2. 废气涡轮增压系统的组成

废气涡轮增压系统(以大众轿车涡轮增压系统为例)由废气涡轮增压器和增压力控制系统组成。

废气涡轮增压器的外观及安装位置如图 3-29 所示,由涡轮室和压气机室组成。

图 3-29　废气涡轮增压器的外观及安装位置

在涡轮室上有两个废气接口,一个与发动机的排气总管相对接,位置设在涡轮径向中心上方。另一个与三元催化器相对接,位置设在涡轮的轴向中心部位,进入涡轮壳内的废气最终进入三元催化器进行催化净化。在压气机室上也有两个接口,一个与空气滤清器相对接,位置设在压气机叶轮的轴向中心部位;另一个接口,即高压空气出口,经过压缩的空气提高了压力、密度和含氧量,通过管道进入中冷器(增压空气冷却器)进行降温,最终经节气门体、进气总管和进气歧管充入气缸。

增压压力控制系统的组成如图 3-30 所示,主要由发动机控制单元(J220)、增压压力传感器(G31,位于发动机舱左侧增压空气冷却器的上部)、增压压力限制电磁阀(N75,位于发动机舱齿形传动带罩右侧)、增压压力调节单元、增压器空气再循环电磁阀（N249，位于发动机舱进气歧管下方）、机械式空气再循环阀、真空罐以及连接管路等组成。

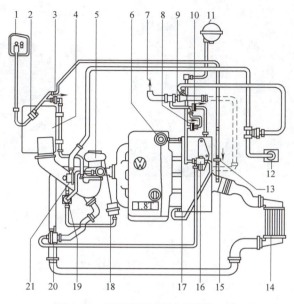

图 3-30 增压压力控制系统的组成

1—活性炭罐 2—活性炭罐电磁阀 N80； 3—活性炭罐单向阀 4—空气滤清器 5—废气涡轮增压器 6—燃油压力调节器 7—接制动助力器 8—单向阀（在制动助力器与进气歧管之间） 9—抽气泵 10—单向阀 11—真空罐 12—曲轴箱通风装置 13—单向阀（在活性炭罐与进气歧管之间） 14—增压空气冷却器（带增压压力传感器 G31） 15—节气门控制单元 J338 16—增压器空气再循环电磁阀 N249 17—进气歧管 18—增压压力调节单元 19—增压压力限制电磁阀 N75 20—机械式空气再循环阀 21—曲轴箱通风压力调节阀

3. 增压压力控制系统的工作原理

废气涡轮和压气机叶轮安装在同一根轴上，结构如图 3-31 所示，工作原理如图 3-32 所示，当废气气流冲击涡轮时，涡轮高速旋转，同时带动压气机叶轮以相同的速度旋转，经空气滤清器滤清的洁净空气被吸入压气机室，压缩后压力升高，通过管道进入中冷器冷却，而后进入气缸，从而提高了发动机的充气效率。图 3-33 和图 3-43 所示为执行器和排气旁通阀的位置。

图 3-31 涡轮增压器的结构

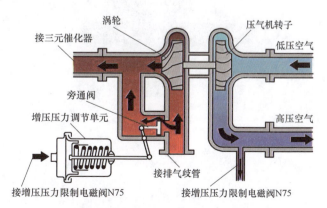

图 3-32 涡轮增压器的工作原理
（此图中省略了增压压力限制电磁阀 N75）

图 3-33 执行器的位置

图 3-34 排气旁通阀的位置

增压压力调节单元安装在涡轮增压器的前端，其膜片式控制阀通过橡胶软管经增压压力限制电磁阀（N75）与增压器压气机外壳出口相连接，涡轮室内的废气旁通阀由增压压力调节单元的膜片阀通过推杆控制。当冲击涡轮的废气量增加，涡轮转速加快，增压压力提高。当增压压力达到一定值时，增压压力调节单元内膜片阀移动，通过推杆和杠杆使废气旁通阀打开一个角度，此时冲击涡轮的废气量减少，涡轮转速下降，相应地增压压力也下降，如增压压力继续增大，则旁通阀开度也增大，从而实现对增压压力的调节。

增压压力限制电磁阀（N75）上有三个管 A、B、C，通过橡胶软管分别与增压器压气机出口、增压压力调节单元及低压进气管（压气机入口）相连接，如图 3-35 所示。

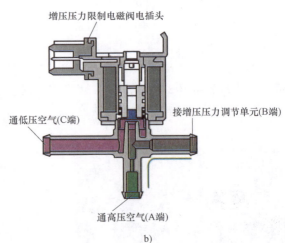

a)   b)

图 3-35 增压压力限制电磁阀的外观及内部结构
a) 增压压力限制电磁阀的外观　b) 增压压力限制电磁阀的内部结构

发动机控制单元根据需要，以占空比方式给增压压力限制电磁阀通电，改变加在增压压力调节单元膜片阀上的气压，以调节增压压力。在中、低速小负荷时，增压压力限制电磁阀的 A 端与 B 端连通，允许增压压力调节单元自动调节增压压力；

在加速或高速大负荷时，该电磁阀由发动机控制单元以占空比的方式供电，低压通气端与另两端连通，使加在增压压力调节单元膜片阀上的压力下降，废气旁通阀开度减小，增压压力提高，占空比越大增压压力越高。

机械式空气再循环阀并联安装在压气机出口的软管与低压进气管之间。如图 3-36 所示，该阀有三个管接头，两根粗管 A、B 分别与增压器压气机出口的高压软管和压气机入口的低压进气管相连接，细管 C 通过真空管与增压器空气再循环电磁阀 N249 相连接。阀内有真空膜片，当膜片室的真空度较小时，机械式空气再循环阀不开启，当有较大的真空度作用于膜片上时，阀开启，增压后的部分空气又返回低压进气管。

 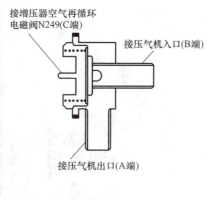

a) b)

图 3-36 机械式空气再循环阀的外观及原理

a) 机械式空气再循环阀的外观　b) 机械式空气再循环阀的原理

增压器空气再循环电磁阀 N249 安装在进气歧管下面，连接如图 3-37 所示，阀上的三个管接头 A、B、C 分别与进气歧管、机械式空气再循环阀和真空罐相连接。

该阀受发动机控制单元控制，不通电时进气歧管与机械式空气再循环阀的膜片室相通，通电时真空罐与机械式空气再循环阀的膜片室相通。在发动机怠速或小负荷工况时，进气歧管的真空度较大，发动机进气不需要增压，此时增压器空气再循环电磁阀不通电，进气歧管的真空度作用于机械式空气再循环阀，使阀开

图 3-37 增压器空气再循环电磁阀 N249 的连接

启，增压器压气机出口的高压空气流回到低压端，此时增压器不起作用；在车辆高速行驶急减速时，节气门突然关闭，瞬间增压器需要卸荷。因此时进气歧管内的真空度不足以开启机械式空气再循环阀，故发动机控制单元将立即给增压器空气再循环电磁阀 N249 通电，使真空罐与机械式空气再循环阀接通，在真空罐强大的真空吸力作用下阀开启，增压器被卸荷。增压器卸荷的目的是使增压器压气机室至节气门

前存在的高压压力瞬间被卸掉,使压气机叶轮旋转的阻力不致过大,这样一是减轻高压气体对压气机叶轮的冲击,二是能使涡轮增压器保持在较高的转速,使增压器在需要时能更迅速地向发动机提供所需的增压压力,减少涡轮增压器的"迟滞"现象。

增压空气冷却器安装在废气涡轮增压器之后,节气门之前,其作用是将增压后的较热空气进行冷却,以增加密度,提高进气量。增压压力传感器(G31)安装在空气冷却器出口处,用于检测冷却后的进气压力。

4. 单涡轮双涡管增压器的工作原理

1)单涡轮双涡管增压器的结构。单涡轮双涡管增压器的结构和普通的涡轮增压器大同小异,是在普通涡轮的废气入口处增加了一条废气通道,不同的是涡轮是由两个通道的废气驱动。图3-38所示为单涡轮双涡管增压器结构图。图3-39所示为单涡轮双涡管增压器实物图。

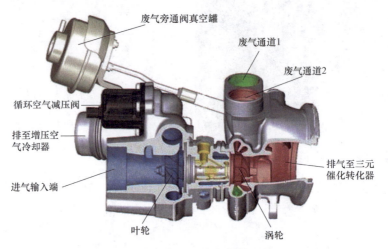

图3-38 单涡轮双涡管增压器结构图

图3-39 单涡轮双涡管增压器实物图

2)单涡轮双涡管增压器产生较大的脉冲增压。在单涡轮双涡管发动机的排气系统中,将排气管道分为两组,如四缸发动机中将气缸1和气缸4为一组,气缸2和气缸3为一组,这样根据点火顺序,一个通道的循环间隔360°的曲轴转角,所以即使在叠加的情况下也能产生较大的脉冲增压，更好地利用废气动能。图 3-40 所示为单涡轮双涡管增压系统气道的布置。

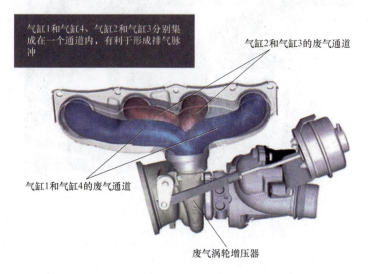

图 3-40　单涡轮双涡管增压系统气道的布置

由于两个排气通道的排气循环间隔 360°的曲轴转角，此时排气压力叠加可产生较大的压力差，更好地利用废气能量。图 3-41 所示为 1、4 缸排气压力叠加图。

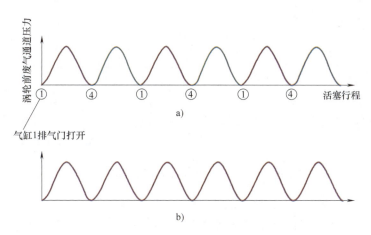

图 3-41　1、4 缸排气压力叠加图

a）废气通道 1（1 缸和 4 缸排气管）压力曲线图　b）叠加后废气通道的压力曲线图

当发动机负荷改变时，排气温度和压力的变化可以很快传递到涡轮机，并由涡轮直接反映到压气机，从而使增压器较快响应发动机负荷的变化，这样就能较好地改善发动机的加速特性和转矩特性（较低的转速就能产生较高的转矩）。

3）单涡轮双涡管设计增加发动机进排气效率。图 3-42 所示为四缸发动机排气歧管布置图，图 3-42a 所示为两个气缸集成一个排气道的情况。图 3-42b 所示为四个气缸集成一个排气道的情况，即将 4 缸发动机的气缸 1 和气缸 4、气缸 2 和气缸 3 分别集成在一个通道内。

如果四缸发动机的点火顺序为 1-3-4-2，单涡轮单涡管增压器的排气歧管是将所

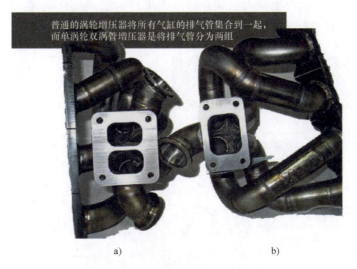

图 3-42　四缸发动机排气歧管布置图

有气缸的排气管集合到一起，将废气汇集后再去推动涡轮的。较短的排气管连接到一起，由于排气谐振的影响，一缸的废气容易窜到另一气缸中，从而导致废气残留量多而影响燃烧效率。图 3-43 所示为四个气缸集成一个排气道对 1 号气缸和 3 号气缸的影响。

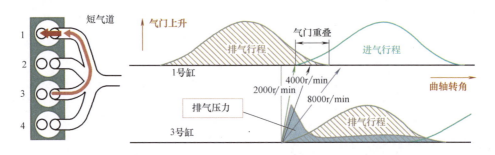

图 3-43　四个气缸集成一个排气道对 1 号气缸和 3 号气缸的影响

当单个气缸工作时，产生废气的脉冲谐振会影响其他缸的排气效率。如某一气缸工作时，有一段时间内气缸的进气门与排气门都处于开启状态（气门重叠）。如果点火间隔相邻的两个气缸排气管相通，在气门重叠时，会导致废气流回前一气缸。前一气缸进气量减少，那么在下个循环的总功率就会下降。

而在单涡轮双涡管发动机排气系统中，将点火相邻两个气缸排气管道两两分开（1、4 一组，2、3 一组），这样当 3 缸完成做功进行排气时，1 缸是进入进气行程，由于 1 缸和 3 缸的排气管不相连，因此 3 缸的排气不会影响 1 缸的进气效果（其他同理），这样点火相邻两个缸的进排气不受干涉影响，能提高各个气缸的进排气量，从而有效提高发动机的效率。

宝马 N20 发动机采用了单涡轮双涡管增压技术，在 1250r/min 的低转速时就能达到 350N·m 的峰值转矩（高功率版），并能一直持续到 4800r/min，几乎涵盖了日常行车所要用到的转速范围。图 3-44 所示为宝马 N20 发动机功率转矩曲线图。

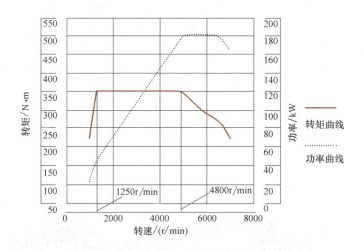

图 3-44　宝马 N20 发动机功率转矩曲线图

3.3　机械增压发动机的结构和工作原理

机械增压（Supercharger）主要是通过曲轴的动力带动一个机械式的空气压缩机旋转来压缩空气的。与涡轮增压不同的是，机械增压工作过程中会对发动机输出的动力造成一定程度的损耗。图 3-45 所示为奥迪 3.0TFSI 发动机机械增压系统安装位置。机械增压器布置于成 90°夹角气缸的进气歧管处，增压后的进气路径很短，这意味着更快的油门响应。这款发动机可以在 5500r/min 时达到 333 马力（245kW）的最大功率。官方资料显示，搭载 3.0TFSI 的奥迪 S5 Coupe 0～100km/h 的加速时间仅需 4.9s。

图 3-45　奥迪 3.0TFSI 发动机机械增压系统安装位置

由于机械增压器是直接由曲轴带动的，当发动机运转时，增压器就开始工作了，所以在低转速时，发动机的转矩输出表现十分出色，而且空气压缩量是按照发动机转速线性上升的，没有涡轮增压发动机介入那一刻的突兀，也没有涡轮增压发动机的低速迟滞。但是在发动机高速运转时，机械增压器对发动机动力的损耗也是很大的，动力提升不太明显。

图 3-46 所示为机械增压发动机进气系统示意图，空气从进气口进入，经过空气滤清器进入机械增压器，经增压器加压后，进气温度和压力都得到提升。加压的空气由中冷器进行冷却后进入气缸。

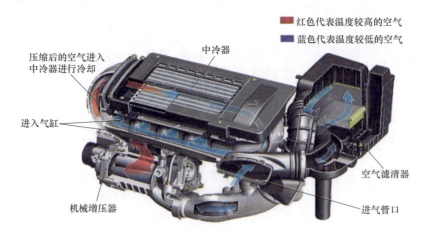

图 3-46　机械增压发动机进气系统示意图

目前应用最多的机械增压是罗茨式（Roots）增压器。这种增压器转子之间保有极小的间隙而不直接相连，转子由两个大小相同、互相啮合的齿轮联动，转动起来方向相反，产生压缩空气的动作。其中一个转子的转轴与驱动的带轮连接，转子转轴的带轮上装有电磁离合器，在不需要增压时会放开离合器，以停止增压，离合器则由 ECU 控制，以达到省油以及减小噪声的目的。图 3-47 所示为罗茨式增压器转子结构图。

增压器叶片的形状对增压器的效率有极大影响，工艺要求极高。无论是叶片的数量，还是叶片形状的变化，最终都是为了提升增压效率。图 3-48 所示为奥迪 3.0

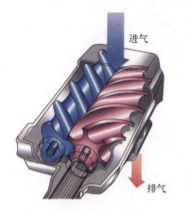

图 3-47　罗茨式增压器转子结构图

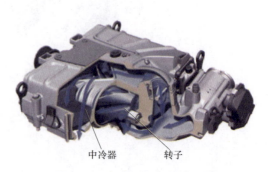

图 3-48　奥迪 3.0 机械增压器

机械增压器。这台发动机使用罗茨式机械增压器，两个四叶旋转活塞可以 23000 r/min 的速度为发动机提供压缩空气。

3.4 涡轮增压器的故障说明

1. 涡轮增压器的常见故障

导致中冷器进气管中有机油的原因很多，包括驾驶工况、保养维护和曲轴箱正常通风等，这是由涡轮增压器的特性以及相关系统的布置确定的。因此，不能简单地将中冷器进气管中有机油等同于涡轮增压器有问题或漏油。导致中冷器进气管中有机油的可能原因如下：

1) 发动机长时间的怠速。
2) 空滤脏。
3) 曲轴箱通风系统堵塞或变形。
4) 涡轮增压器进回油管堵塞、泄漏或变形。
5) 涡轮增压器的中间壳体机油结焦。
6) 气缸磨损导致活塞环窜气。
7) 排气系统中流动阻力过大。

由于进气压力长时间与增压器轴承体内压力不平衡，从而导致涡轮增压器内机油在压力差的作用下通过密封件渗漏到压气机中。此外，如果机油加注量过多，会引起曲轴箱通风系统中机油含量不可避免地增多，从而促使机油从曲轴箱通风系统进入进气管。

通常，增压发动机的曲轴箱强制通风系统的 PCV 阀安装在空滤和涡轮增压器压气机之间，也就是说曲轴箱通风过来的气体也会经过涡轮增压器及中冷器，曲轴箱通风中含有机油，尤其当机油加注量过多时，曲轴箱通风中的机油含量会增多，当经过中冷器时，由于冷却及截面面积变化，通风系统中的机油会不可避免地冷凝到中冷器下方的进气管中，但这对系统没有影响。

可见，导致中冷器进气管中有机油的大部分原因是系统压力的不平衡。而这里所说的系统压力与驾驶工况、车辆保养维护都有很密切的关系。尤其是空气滤清器及机油、机油滤清器的正确保养。

2. 涡轮增压器的故障模式

通过对有故障涡轮增压器进行分析，绝大部分涡轮增压器的失效是由以下几方面原因导致的：

1) 外来物质进入压气机或涡轮，大多数是压气机侧。
2) 空滤太脏，系统压力不平衡。
3) 机油结焦，使用了不合格的机油。
4) 润滑系统没有充足的机油供应，比如油压不够、管道堵塞。

特别是在更换机油或做相关维修（包括放出机油）之后，涡轮增压器需要进行预先润滑。在发动机启动前要将曲轴盘动几次。启动发动机后，在进入高速运转前，让它怠速运行一段时间，以建立起整个机油循环和压力。

涡轮增压系统故障案例

故障现象：一辆宝来 A4 1.8T，装备 01M 自动变速器，行驶里程为 78000km。该车发动机工作噪声很大，最高车速只能达到 100km/h。

检测与修理

接车后，根据故障现象，用 VAS5051 检测仪对该车自动变速器进行读取故障码，结果无故障码显示。读取发动机控制单元故障码，故障存储器显示两个故障码，分别是 17963 和 17705。故障码 17963 的含义是增压压力过大，故障码 17705 的含义为识别到涡轮增压器至节气门间压力差。根据故障码的含义，先打开机盖，发现从涡轮增压器调节阀 N75 到发动机进气歧管的橡胶管脱落及连接进气歧管切换阀的管接头脱落。把脱落的橡胶管及管接头清洁后重新紧固，用万用表检查涡轮增压器调节阀 N75 以及进气歧管切换阀供电电源、搭铁和导线电阻，没有发现异常。清除故障码，外出路试，故障排除。

由于连接进气歧管切换阀的管接头脱落，大量增压空气从脱落处冲出，引起很大的噪声；又由于从涡轮增压器调节阀 N75 到发动机进气歧管的橡胶管脱落，导致大量未经计量的空气从脱落处进入发动机进气歧管，造成混合气过稀，因此发动机加速无力。经过分析，可能是从涡轮增压器调节阀 N75 到发动机进气歧管的橡胶管先脱落，致使在怠速情况下，旁通阀不能打开，增压过大，使进气管路中的压力偏高，把进气歧管切换阀的管接头冲脱落了。

模块四

燃油喷射系统的结构及工作原理

引言

电控燃油喷射系统（EFI，Electronic Fuel Injection），是以 ECU 控制为中心，利用安装在发动机不同位上的各种传感器，测出发动机在不同工况下的工作参数，按照汽车制造厂在 ECU 存储器中设定的控制程序，通过控制喷油器，精确地控制喷油量，使发动机在各种工况下都能获得最佳浓度的混合气，从而使发动机获得良好的经济性和排放性，提高汽车的使用性能。

学习目标

1. 燃油喷射系统的功能。
2. 燃油喷射系统的结构及工作原理。
3. 燃油喷射系统的故障案例。

!!! 小知识

电控汽油喷射系统的发展史

20 世纪 60 年代以前，汽车燃油系统大多使用构造简单的化油器，随着汽车工业的飞速发展，汽车在 20 世纪 60 年代急剧增长，传统的化油器混合气调节不精确，汽车尾气废气含量过高（CO、HC、NO 化合物），对大气污染严重，因此西方各国家都制定了汽车排放法规法案。同时受能源危机冲击，以及电子及技术、ECU 技术等飞速发展，促进了电子燃油控制喷射发动机的诞生。发动机燃油喷射系统自诞生以来，经历了从晶体管、集成电路到微处理器控制，从模拟 ECU 到数字 ECU 控制的发展过程，正朝微型化、微集成化、模块化和智能化微处理器集中控制方向发展。

单元一　燃油喷射的相关概念

学习目标

1. 学习燃油喷射系统的功能。

2. 掌握燃油喷射系统的组成。
3. 掌握燃油喷射系统的结构及工作原理。

课程准备

知识准备：燃油喷射控制主要完成的任务是发动机 ECU，根据不同工况的要求在合适的时机，控制喷油器喷出合适量的燃油。燃油系统的功能主要有喷射正时控制、喷油量的控制、燃油停供控制和燃油泵控制等内容。

1.1 燃油喷射的类型

燃油系统的喷射方式按不同的方法有不同的分类，比如按喷射位置分为缸内喷射和缸外喷射，按喷油器的数量分为单点喷射和多点喷射，按喷油器的喷射方式可分为连续喷射和间歇喷射，按空气量的计量方式分为 D 型电控燃油喷射系统和 L 型电控燃油喷射系统，按有无反馈信号可分为开环控制系统和闭环控制系统。

1. 按喷射位置分类

（1）缸内直接喷射 缸内直喷技术其实就是将喷油器安置在气缸内，如图 4-1 所示。喷油器放置在气缸内的好处就是在供油时不需要再等待气门的开启，也不会受进气阀门的开关而影响油气进入气缸的量，且能经由 ECU 的判断来自由地控制供油的时机和分量，至于进气阀门只单纯提供空气进入的时程。缸内直喷发动机在中低转速节气门半开状态，空气由进气阀门进入气缸，由于采用缸内直喷技术的发动机活塞顶部有特殊的曲面设计，会使空气进入气缸后，在火花塞与活塞顶部间形成一股涡流，当压缩行程接近尾声时，高压喷油器会喷出少量适当的汽油来进行点燃，以充分提高发动机的燃烧效率和降低发动机运转时的油耗。

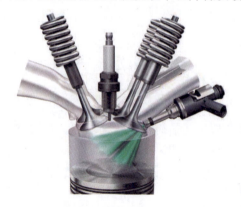

图 4-1 缸内直喷喷油器的布置

（2）缸外喷射 缸外喷射是指在进气歧管内喷射或进气门前喷射，在该方式中，喷油器被安装于进气歧管内或进气门附近，故汽油在进气过程中被喷射后与空气混合形成可燃混合气再进入气缸内。理论上，喷射时刻设计在各缸排气行程上止点前 70°左右为佳。相比而言，由于缸外喷射方式汽油的喷油压力（0.1~0.5MPa）不高，且结构简单，成本较低，故目前应用较为广泛。

2. 按喷射方式分类

在这种分类方法中主要介绍间歇喷射方式，间歇喷射方式又称为脉冲喷射或同步喷射,其特点是喷油频率与发动机转速同步,且喷油量只取决于喷油器的开启时间(喷油脉冲宽度)。因此,ECU 可根据各种传感器所获得的发动机运行参数动态变化的情况,精确计量发动机所需的喷油量,再通过控制喷油脉冲宽度来控制发动机各种工况下的可燃混合气的空燃比。

间歇喷射方式又分为独立喷射即顺序喷射、分组喷射和同时喷射。采用顺序喷射对燃油的喷射控制更精确。

(1) 顺序喷射　顺序喷射是缸内喷射和进气管喷射都可采用的喷射方式,燃油顺序喷射方式如图 4-2 所示。相比而言,由于顺序喷射方式可在最佳喷油情况下,定时向各缸喷射所需的喷油量,故有利于改善发动机的燃油经济性,但要求系统能对待喷油的气缸进行识别,同时要求喷油器驱动电路与气缸的数目相同。某四缸发动机顺序喷油正时如图 4-3 所示。

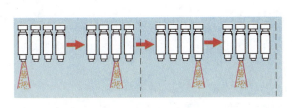

图 4-2　燃油顺序喷射方式

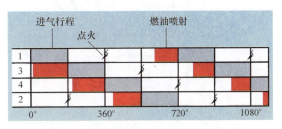

图 4-3　某四缸发动机顺序喷油正时

(2) 分组喷射　分组喷射是将喷油器按发动机每工作循环分成若干组交替进行喷射。分组喷射示意图如图 4-4 所示。

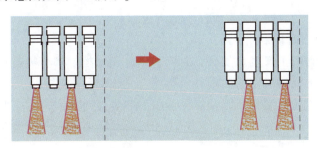

图 4-4　分组喷射示意图

(3) 同时喷射　同时喷射是指发动机在运行期间,各缸喷油器同时开启、同时关闭。同时喷射示意图如图 4-5 所示。

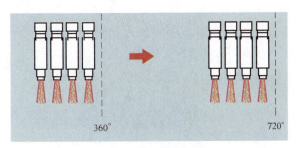

图 4-5　同时喷射示意图

各种喷射方式的优缺点见表 4-1。

表 4-1　各种喷射方式的优缺点

喷射方式	优　点	缺　点
同时喷射	控制简单,成本低,易维修	有存储,喷射时刻不是最佳,各缸混合气不均匀
分组喷射	控制简单,成本低,易维修,性能比同时喷射提高	有存储,怠速不稳
顺序喷射	喷射时刻最佳,各缸混合气雾化好,性能最好	控制电路复杂,成本高

1.2　喷油正时的控制

在采用间歇喷射方式的电控燃油喷射系统中,ECU 必须控制喷油器喷油的开始时刻,这就是喷油正时控制。其控制目标一般是在进气行程开始前,喷油结束。喷油正时包括同步喷油正时控制和异步喷油正时控制。

同步喷射是指汽油的喷射与发动机的运转同步,ECU 根据曲轴的转角位置来控制开始喷油的时刻。异步喷射是指 ECU 根据传感器的输入信号控制开始喷油的时刻。

1. 同步喷射正时控制

同步喷射是指与发动机固定转角有关的喷射,同步喷射是喷油量控制的基本模式,汽油机在所有的工况下均要进行同步喷射。

2. 异步喷射正时控制

由于车用发动机工况变化复杂、急剧,因此仅仅控制同步喷射是不够的。

异步喷射与发动机固定的曲轴转角无关,是临时性的喷射。

异步喷油正时的控制包括起动时异步喷射和加速时异步喷射正时控制。

1) 起动时异步喷射。在部分电控燃油喷射系统中,为改善发动机的起动性能,在发动机起动时,除同步喷油外,再增加一次异步喷油。如某车型在起动开关处于接通状态时,ECU 接收到第一个凸轮轴位置传感器信号后,接收到第一个曲轴位置传感器信号时,开始进行起动时的异步喷油。

2) 过渡工况和加速时的异步喷射。当发动机由怠速工况向汽车起步工况过渡时,由于燃油惯性等原因,会出现混合气稀的现象。为了改善起步加速性能,ECU 根据节气门位置传感器信号,增加一次固定量的喷油。有些发动机电控燃油喷射系统,为使发动机加速更灵敏,当节气门迅速开启或进气量突然增加(急加速)时,在同步喷射的基础上再增加异步喷射。

1.3　喷油量的控制

喷油量控制的目的是使发动机在各种运行工况下,都能获得最佳的喷油量,以提高发动机的经济性和降低排放污染。喷油量的控制包括起动时的同步喷油量控制、起动后的同步喷油量控制和异步喷油量控制。

1. 起动时的同步喷油量控制

在发动机转速低于规定值或点火开关接通位于起动档时，图 4-6 所示为起动工况的判定。此时，基本喷射时间不能根据进入的空气量来计算。因为在起动时发动机转速较低，而进入空气量的变化较大。而且，起动时的燃油喷射时间要由冷却液温度来决定。冷却液温度由冷却液温度传感器来检测。冷却液温度越低，燃油的雾化性越差。因此，需增加喷射时间来得到较浓的空气。ECU 根据起动时喷油时间和冷却液温度关系曲线图（图 4-7），确定基本喷油时间，根据进气温度传感器对喷油时间进行修正（延长或缩短）。然后再根据蓄电池电压适当延长喷油时间，以实现喷油量进一步的修正，即电压修正。

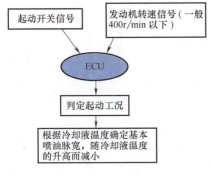

图 4-6　起动工况的判定

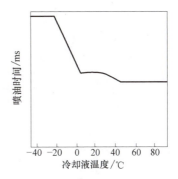

图 4-7　起动时喷油时间和冷却液温度关系曲线图

2. 起动后的同步喷油量控制

在起动后，D 型电控系统根据发动机转速信号和进气管绝对压力信号确定基本喷油时间，L 型电控系统根据发动机转速信号和空气流量计信号确定基本喷油时间。各种校正喷射时间取决于各传感器的信号。发动机 ECU 最终反馈给喷油器的喷射时间为基本喷射时间加上校正的时间。

1）预热加浓。当发动机在冷机时，因为此时燃油不容易雾化，所以燃油的喷油量就需增加，来获得较浓的空气。最大校正量是常温下的两倍。如果温度传感器失灵时，可考虑这是引起发动机的行车性较差的原因之一。

2）功率加浓。发动机在高负荷情况下，比如当爬陡峭的山路时，很难使吸进的空气和喷射的燃油充分混合。因此燃烧过程中就需要喷射比理论空燃比多的燃油，使空气充分燃烧而增加功率。高负荷是由节气门位置、发动机转速和进气质量共同来确定的。进气质量越高或发动机转速越高，燃油加浓增加量应越大。

3）加速加浓。当突然加速时，空燃比变小，特别是在加速的开始步骤。因为当踩下加速踏板时开始加速过程，这时会出现燃料供应滞后于进入气缸内的空气快速变化量。由于这个原因，则需延长燃料喷射时间，根据进入的空气量而增加喷油量，以防止空气和燃料混合气偏稀，图 4-8 所示为某车型根据进气量进行校正的曲线。加速加浓的大小同时取决于节气门开启角度的变化速度。加速校正在加速开始步骤会大量增加，增加到上限值后又会逐渐减小。此外，加速越快，燃料喷油量的增加越大。图 4-9 所示为某车型根据加速踏板踩下的快慢进行校正的曲线。

图 4-8 某车型根据进气量
进行校正的曲线

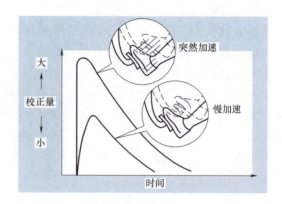

图 4-9 某车型根据加速踏板踩下
的快慢进行校正的曲线

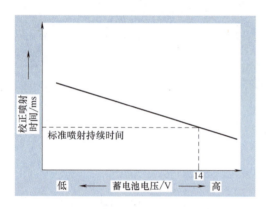

图 4-10 ECU 根据蓄电池电压
进行喷油量调节的曲线

4)进气温度校正。空气密度随空气温度的变化而变化。因此,需要做一个校正,即根据进入气缸中的空气温度来增加或减少燃料的量,以优化发动机当前条件下所需的混合比例。进气温度由温度传感器探测。进气温度低,密度增大,因而校正量也增加。进气温度高,密度减小,因而校正量也减少。

5)电压校正。发动机 ECU 把喷射信号传给喷油器的时间和喷油器实际喷射燃料的时间之间存在时间延迟。若蓄电池电压严重降低,延迟较长。ECU 将根据蓄电池电压的降低而延长喷射时间,以进行调节。图 4-10 所示为 ECU 根据蓄电池电压进行喷油量调节的曲线。

1.4 燃油切断控制

燃油切断控制包括减速断油和超速断油的控制。

1. 减速断油

汽车在高速行驶中突然松开加速踏板减速时,发动机仍在汽车惯性的带动下高速旋转。由于节气门已关闭,进入气缸的混合气数量很少,在高速运转下燃烧不完全,使废气中的有害排放物增多。减速断油控制就是当发动机在高转速运转中突然减速时,由 ECU 自动中断燃油喷射,直至发动机转速下降到设定的低转速时再恢复喷油。其目的是为了控制急减速时有害物的排放,减少燃油消耗量,促使发动机转速尽快下降,有利于汽车减速。减速断油控制过程是由 ECU 根据节气门位置、发动机转速和冷却液温度等运转参数,做出综合判断,在满足一定条件时,执行减速断油控制。

在节气门传递急速信号,发动机冷却液温度正常,发动机转速高于某一数值时,设定的转速称为减速断油转速,其数值由 ECU 根据发动机冷却液温度和负荷等参数确定。通常冷却液温度越低,发动机负荷越大(如使用空调时),该转速越高。当三个条件都满足时，ECU 就执行减速断油控制，切断喷油脉冲。上述条件只要有一个不满足（如发动机转速已下降至低于减速断油转速），ECU 就立即停止执行减速断油，恢复喷油。图 4-11 所示为减速断油的控制曲线。

2. 超速断油

超速断油是在发动机转速超过允许的最高转速时，由 ECU 自动中断喷油，以防止发动机超速运转，造成机件损坏，也有利于减少燃油消耗量，减少有害排放物。超速断油控制过程是由 ECU 将转速传感器测得的发动机实际转速与控制程序中设定的发动机最高极限转速（一般为 6000～7000r/min）相比较。当实际转速超过此极限转速时，ECU 就切断送给喷油器的喷油脉冲，使喷油器停止喷油，从而限制发动机转速进一步升高；当断油后发动机转速下降至低于极限转速时，断油控制结束，恢复喷油。

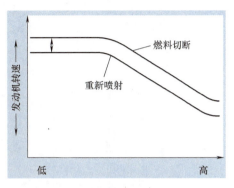

图 4-11 减速断油的控制曲线

单元二 燃油供给系统元件结构及工作原理

学习目标

1. 掌握燃油供给系统的结构及组成。
2. 掌握喷油器的结构及工作原理。
3. 掌握燃油泵的结构及工作原理。

课程准备

知识准备：燃油供给系统能够存储并按照正确的压力和数量为发动机提供燃油，燃油供给系统由燃油箱、电动燃油泵、燃油滤清器、燃油压力调节器、燃油分配管、喷油器以及燃油管路组成。汽油由汽油泵从油箱中泵出，这样具有一定压力的汽油经过汽油滤清器，除去杂质及水分后流至供油总管，再经各供油歧管送至各缸喷油器。本节将对喷油器、电动燃油泵和燃油压力调节器等燃油供给系统的主要元件的结构及工作原理进行讲解。

燃油供给系统分为有回油燃油供给系统和无回油燃油供给系统，发动机燃油系统为无回油管系统，其压力是固定的。目前，汽车上应用较多的燃油供给系统为无回油管的燃油供给系统，燃油供给系统的组成如图 4-12 所示。

2.1 喷油器的结构及工作原理

喷油器是燃油供给系统的一个重要部件，它根据 ECU 的指令，在规定的时间内喷射燃油，提供给发动机雾化后的燃油。喷油器是一种加工精度非常高的精密器件，要求其动态流量范围大，抗堵塞和抗污染能力强以及雾化性能好。喷油器工作情况影响着发动机的性能，如果燃油中杂质含量较高，或者喷油器喷嘴被长期形成的胶质物堵塞，就会影响喷油器的正常工作，导致发动机怠速不稳、起动困难、动力不足

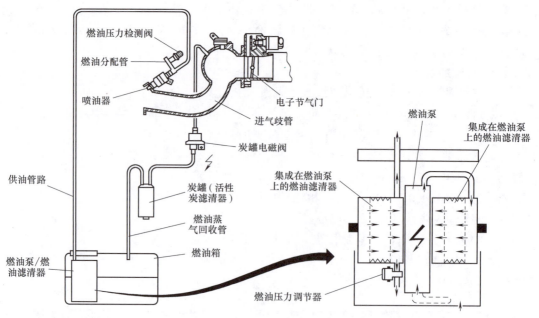

图 4-12 燃油供给系统的组成

甚至熄火等多种故障。

1. 喷油器的安装位置

喷油器安装于燃油分配管（又称为油轨）上，布置在进气道靠近进气门处，如图 4-13 所示。喷油器与燃油分配管之间以一个 O 形圈密封，与进气歧管之间以一个 O 形圈密封。图 4-14 所示为安装在燃油分配管上的喷油器实物图。

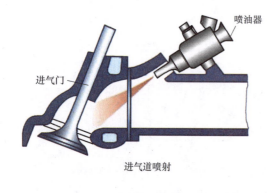

图 4-13 喷油器的安装位置

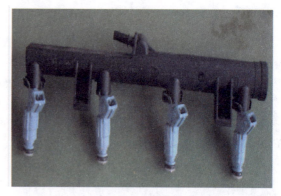

图 4-14 安装在燃油分配管上的喷油器实物图

2. 喷油器的类型

1) 按喷油口结构分为轴针式和孔式。
2) 按线圈电阻值分为高阻（13~17Ω）和低阻（2~3Ω）。
3) 按用途分为多点燃油喷射系统（MPI，Multi Point Injection）和单点燃油喷射系统（SPI，Single Point Injection）。
4) 按燃料位置分为上端供油式和侧面供油式。
5) 按驱动方式分为电压驱动和电流驱动。

目前应用较多的是高阻型电压驱动的喷油器。

3. 喷油器的工作原理

高阻值电磁喷油器的结构如图4-15所示，内部组成如图4-16所示。喷油器主要由针阀和线圈绕组组成。

图4-15 高阻值电磁喷油器的结构

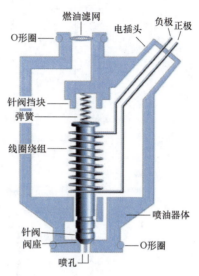

图4-16 高阻值电磁喷油器的内部组成

喷油器壳体内的回位弹簧将阀针压紧在阀座上并封住口。喷油时ECU给出控制信号，电磁线圈通电，产生磁场克服回位弹簧的压力、针阀重力和摩擦力等，将针阀升起，燃油在油压作用下喷出。由于针阀只有升起和落下两个状态，针阀升程不可调节，只要喷油器进出口的压力差恒定不变，喷油量就仅取决于针阀开启时间，即开启电脉冲的宽度。喷油器针阀的升程不超过0.1mm。

4. 喷油器电路及波形分析

在电压驱动方式的喷油器驱动电路中，由蓄电池直接供电，ECU控制喷油器的搭铁电路。图4-17所示为单个喷油器驱动电路。

某车型怠速时喷油器波形图如图4-18所示，测量点在喷油器与ECU的连接点处。本波形是反映电压随时间变化的情况。请参看图中波形的A点之前，这一段表示断路电压或电源电压，之所以称作断路电压，是由于这时候的喷油器电路还没有接通，而

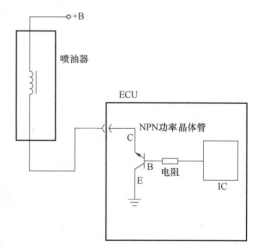

图4-17 单个喷油器驱动电路

电路中也没有电流流动。在波形的B点，电压突然降低，这是因为ECU接通喷油器电路并将其搭铁。在C点喷油器电磁线圈内的电磁场发生突变，这个突变使线圈产生感应电动势，喷油器波形出现尖峰。

图4-19所示为某四缸喷油器电路，图中51号由燃油泵继电器引来的电源正极。ECU控制四个喷油器的搭铁电路。

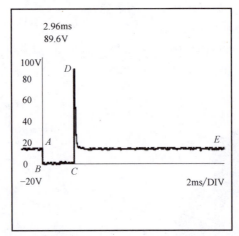

图 4-18 某车型急速时喷油器波形图

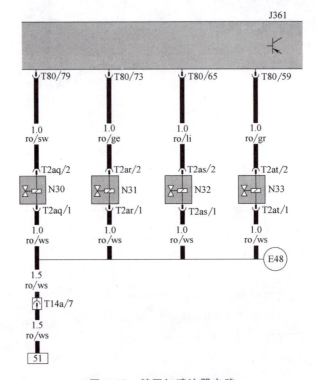

图 4-19 某四缸喷油器电路

J361—发动机控制单元　N30——缸喷油器　N31—二缸喷油器
N32—三缸喷油器　N33—四缸喷油器　T80—80 芯黑色插头连接
14a/7—14 芯黑色插头连接在发动机舱内左前照灯后面

2.2 燃油泵的结构及工作原理

1. 电动燃油泵的功能

燃油泵的作用是将存储在燃油箱内的燃油输送至喷油器的燃油管路内。早期发动机燃油系统中的燃油泵多为机械式,现在电动燃油泵已经将其取代。另外,原来的一些被安装在燃油箱外的电动燃油泵,考虑到散热、隔音及气阻等问题,也均被内置到了燃油箱内。燃油泵安装于油箱内,与燃油油量表测量装置结合为一个整体。

2. 燃油泵的工作原理

电动燃油泵的总成及结构如图 4-20 所示,油泵集成了液位传感器、滤清器和压力调节器等部件于一体。安装支架为电动燃油泵安装在油箱上提供良好的支撑,同时隔离振动。油泵支架配有电源插座。

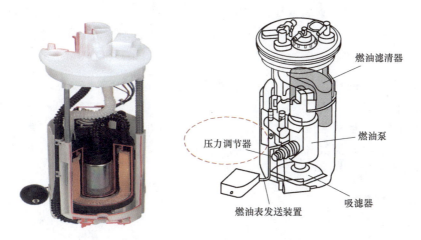

图 4-20　电动燃油泵的总成及结构

图 4-21 所示为某车型电动燃油泵的分解图,电动燃油泵由电动机转子、定子和涡轮泵以及齿轮泵组成。泵和电动机同轴安装,并且封闭在同一个机壳内。

图 4-21　某车型电动燃油泵的分解图

电动燃油泵是利用电动机驱动相应的油泵装置,从而向燃油系统不断输送燃油。机壳内的泵和电动机周围都充满了汽油,利用燃油散热和润滑。蓄电池通过油泵继电器向电动燃油泵供电,继电器只有在起动时和发动机运转时才使电动燃油泵电路接通。当发动机因事故而停止运转时,燃油泵自动停止运转。

燃油系统必须保持一定的压力，这样才能保证喷油器喷出的燃油雾化效果更好，更易燃烧。但当发动机熄火后，燃油系统的压力会丧失，一旦没有残余压力，在高温时管路内很容易产生气阻。这样在发动机重新起动时，由于燃油系统中混入空气，难以保证足够的燃油，发动机就会难以起动。为此，在燃油泵中设置了单向阀。这样当燃油泵停止运转时，单向阀关闭，以维持燃油管路内的残余压力，便于发动机的重新起动。为了防止电动燃油泵的出油口侧压力过高，还设计了安全阀，这样一旦燃油泵输送的燃油压力过高，安全阀就会打开，使压力过高的燃油回流到燃油箱。电动燃油泵出口的最大压力由安装在燃油泵上的泄压阀决定，在450~650kPa范围内。

> **注意：** 当车辆长时间停放后，为了保证燃油系统有足够的压力起动发动机，ECU控制油泵提前运转2~3s建立油压。
> 　　燃油的温度对燃油泵的性能影响很大，当长期处于高温状态下运转，燃油温度高于一定温度时，燃油泵的泵油压力急剧降低，因此当热车发动机不能启动时，请仔细检查是否为燃油泵的高温工作性能不好。

3. 燃油泵的电路

图4-22所示为某大众车型的电路。在电路图中燃油泵由单独的油泵控制单元控制，其中有一根线是与发动机ECU相连接，燃油泵控制单元接收发动机ECU信息，控制燃油泵的工作。59号线为燃油泵控制单元供电，51号为搭铁点，还有两根线分别为燃油泵的供电和搭铁。

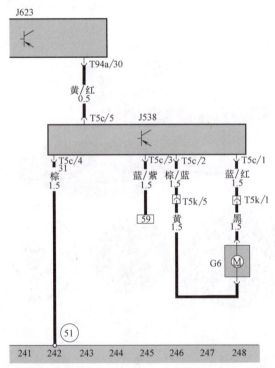

图4-22　某大众车型的电路

G6—燃油泵　J538—燃油泵控制单元　J623—发动机控制单元　T5c—5针黑色插头
T5k—5针插头黑色燃油泵插头　T94a—94针黑色插头　51—搭铁点

2.3 燃油压力调节器的结构及工作原理

燃油压力调节器能够保持燃油管路中的油压在一定的范围,发动机型号不同,具体压力值也会有不同,此外,压力调节器能像燃油泵的单向阀一样,维持燃油管里的残余压力。在有回油管路和无回油管路的燃油供给系统中,燃油压力调节器的布置位置不同,工作原理也不同。

1. 无回油管路的燃油压力调节器

无回油管路的燃油压力调节器的调节方法是将燃油压力控制在一个恒定的压力值。燃油压力调节器一般并联安装在燃油泵出油管路上,安装位置如图4-23所示,结构如图4-24所示。燃油压力调节器内部有一个弹簧,弹簧顶着膜片,膜片将一个回油阀门关闭。当燃油压力超过压力调节器弹簧的压力时,阀门开启,使燃油回流到燃油箱并调节压力。

图4-23 无回油管路的燃油压力调节器的安装位置

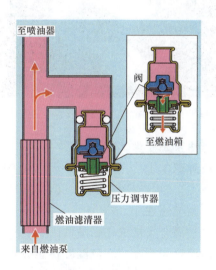

图4-24 燃油压力调节器的结构

喷油器的喷射通道利用歧管造成的真空状态抽取燃油。这种真空状态随着发动机工作状态的变化而不断变化。因此,这种燃油压力调节方式,发动机ECU根据进气歧管真空的变化,即进气压力传感器的信号计算每次喷射时间内燃油喷油量,确保喷油器喷射适当数量的燃油。

2. 有回油管路的燃油压力调节器

喷油压差是指输油管内燃油压力和进气歧管内气体压力的差值,而进气歧管内气压随转速和负荷(节气门开度)变化,要保持恒定的喷油压力必须根据进气歧管压力变化来调节燃油压力。在有回油管路的燃油供给系统中安装单独的燃油压力调节器，安装位置如图 4-25 所示。燃油压力调节器是调节至喷油器的燃油压力，使油路中的燃油压力与进气歧管压力之差保持常数，这样从喷油器喷出的燃油量便只取决于喷油器的开启时间，使 ECU 能够通过控制电脉冲宽度来精确控制喷油量。

燃油压力调节器的工作原理如图 4-26 所示，压力调节器的上方有用橡胶软管和进气管连接的通道，内部有回位弹簧，弹簧下面是个膜片，膜片下面是个回油阀，回油阀连接回油软管。工作时，膜片上方的压力为弹簧压力和进气压力之和，膜片下方为燃油压力，膜片上下压力相等时就会处在平衡位置。当进气管压力下降时，在燃油压力的作用下，膜片上移，回油阀打开，回油量增加，这样燃油分配管中的油压就下降到原来水平。反之，当气压上升时，膜片下移，回油阀开度变小，回油量变小油压就会上升到原来水平，这样油压就会控制到制造时要求的大小，也就是膜片位于平衡位置的弹力。

图 4-25 有回油管路的燃油压力调节器的安装位置

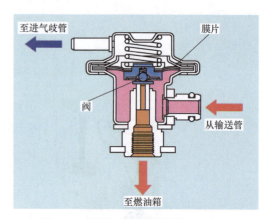

图 4-26 燃油压力调节器的工作原理

燃油系统故障案例

故障现象 1：一辆别克君威 2.0L 轿车，当行驶 15 万 km 后进维修站，客户反映该车在冷车时能够顺利启动，但有时热车启动特别困难。

检测与修理

混合气过浓往往是造成热车不易启动的原因。由于该故障现象直接与温度有关，因而首先检查冷却液温度传感器及其控制电路，均属正常。在检查过程中发现，该车热车熄火后立即启动，启动良好，但熄火后等候 5~8min 后，再启动就非常困难。检查燃油系统，接好燃油压力表，启动发动机，压力正常。熄火后再看油压表，发现油压很快下降，断开回油管接头，无回油，说明漏油在油泵至喷油器之间。拆下四个喷油器检查并试验，发现喷油器都有严重的漏油现象。

全部更换新的喷油器后，无论冷车起动还是热车起动都很正常，故障排除。

故障现象 2：一辆本田锋范轿车，客户反映该车在使用过程中仪表盘上的发动机故障警告灯偶尔会点亮。

检测与修理

在装备手动变速器的本田锋范轿车上，燃油和排放控制系统的功能由发动机控制模块（ECM）管理，当 ECM 检测到来自各传感器或另一个控制单元的信号故障时，会存储临时的故障码。根据故障情况，故障码会在第 1 或第 2 行驶循环中进行存储。当故障码存储时，ECM 通过 F-CAN 发送一个信号给仪表并使发动机故障警告灯亮。当传感器或其他控制单元信号出现异常情况时，ECM 忽略该信号，并用预设定值代替，以使发动机继续运转。但这将导致 ECM 存储故障码，并点亮故障警告灯。当点火开关转至 ON 位置时，ECM 通过 F-CAN 使发动机故障警告灯亮 2s，进行系统自检，以检查故障警告灯是否能够正常工作。

经连接故障检测仪 HDS 对车辆进行检测，设备显示"P0304——4 号气缸缺火"。检测发动机控制系统的数据流，没有发现异常情况。清除故障码后，试车，故障没有再次出现，可以确定应该是偶发故障。根据以往的维修经验，可以判定导致该车产生此故障的原因包括燃油系统或机械系统，如喷油器堵塞、喷油器线束短路或断路、压缩比过低及气门间隙不标准等；点火系统方面故障，如火花塞积炭、高压线断路或漏电、点火线圈断路或故障及 ICM 或 ECM 故障等。

清除故障码后，试车，故障没有再次出现。由于故障码已经指明第四缸存在问题，故决定检查第四缸的情况。于是拆下各缸火花塞进行检查，发现第四缸的火花塞燃烧不是很好，火花塞电极稍稍有些发黑。为了确定故障点，将第四缸的火花塞及点火线圈与其他气缸进行对调，并做了曲轴位置传感器参数的清除和学习。利用故障检测仪观察相关数据流，没有发现异常。考虑到该车的行驶里程只有 2.5 万 km，车辆本身出问题的可能性比较小，于是建议客户到其他加油站加一箱油试试。客户将车取走一天后，打电话称发动机故障警告灯再次亮。接车后，连接故障检测仪对车辆进行检测，发现设备仍然显示相同的故障码。

至此，怀疑喷油器存在问题。为了确定四缸喷油器的工作性能，对此车所有的喷油器进行检测，发现第四缸喷油器比其他三缸的喷油器喷油量少，且雾化不良。

更换第四缸喷油器，故障排除。

故障现象 3：一辆 2003 年产宝来 1.8 轿车，客户反映该车热车熄火后再重新起动时，发动机起动困难，需要持续运转起动机，发动机才能起动。

检测与修理

接车后，经试车发现，该车若在发动机熄火立刻重新起动，则起动完全正常，如果在停放一段时间后，再起动就变得困难了。根据该车的故障症状，连接故障检测仪先对发动机控制系统进行检测，但没有发现任何问题。根据上述检测结果，可以初步判定发动机控制系统没有问题，因此将检查重点放在燃油系统。于是连接油压表测量燃油系统压力，经观察燃油系统在发动机运转时工作压力正常。考虑到该车的故障是停放一段时间后才会出现，因此问题很有可能出在燃油系统残余压力保持上，即燃油系统存在泄漏，导致系统不能正常保压。经连接油压表长时间观察发现，该车燃油系统压力下降过快。最终确定为燃油泵单向阀损坏，导致系统不能正常保压。

由于单向阀不能单独更换，在更换燃油泵后，故障排除。

故障现象 4：一辆大众途观不着车，拖到厂家维修，本车是 TSI 带涡轮增压的缸内直喷发动机。

检测与修理

首先做个常规检查，发现油泵不泵油。检查油泵继电器和油泵熔丝，均工作正常，于是怀疑油泵问题。拆开后座，发现有两个油泵安装孔，但是只有一个油泵。在安装油泵位置发现一个油泵控制模块如图 4-27 所示。模块上面有个大插头，有五根粗线，其中两根是通往油泵的，还有一根电源，一根搭铁。

　　直接把电源和搭铁短接在油泵的两条线上油泵工作，可以着车。剩下一根黄色线，经判断为模块信号线。用二极管测试，一头接电源，一头接黄色线，打开点火开关会闪烁 3s，如果起动会一直闪烁，判断信号正常。用排除法确定为油泵控制单元故障。

图 4-27　燃油泵控制单元和插接器

此故障为油泵控制模块损坏，更换新的，故障排除。

模块五

点火系统的结构及工作原理

引言

点火系统是汽油发动机重要的组成部分，对发动机的性能有着决定性的影响。随着汽车工业的不断发展，汽车电子化程度不断提高，汽车的点火系统已由传统的蓄电池点火系统发展到国内外广泛采用的电子点火系统，电子点火系统又称为半导体点火系统或晶体管点火系统，越来越多的汽车厂家将电子技术应用到了汽车上。本章主要介绍电子点火系统中的微处理器控制点火系统。

学习目标

1. 电子点火系统的组成。
2. 电子点火系统主要部件的结构原理。
3. 电子点火系统的控制原理。

!!! 小知识

电控点火系统的发展史

根据点火系统的发展经历，点火系统可分为传统点火系统和电子点火系统，电子点火系统又可分为有触点电子点火系统、无触点普通电子点火系统和微处理器控制电子点火系统。

当前我国发动机点火系统发展很快，传统点火系统已基本淘汰，电子点火系统已在微型车及普通型轿车中普及，中、高档轿车已采用 ECU 控制的点火系统。从 20 世纪 90 年代后期开始，国内轿车开始采用电控燃油喷射系统（EFI），点火控制系统也开始采用 ECU 控制点火装置，如桑塔纳 2000 型、捷达王和广州本田。

我国对汽油发动机 ECU 控制点火系统的研究始于 20 世纪 80 年代中期，一些研究单位对汽油喷射系统、点火系统和氧传感器反馈系统等电控项目的研究与开发，取得了一些进展，在一些轿车（如国产小红旗等）装用了这些系统。但由于我国汽车工业基础还较薄弱，在电子化程度上与国外先进水平相比，还存在较大的差距。国内主机厂需求的 ECU 控制的点火系统，大多来自于进口或德国博世公司及美国德尔福公司等在华办的合资企业。

至 2012 年，我国几乎所有新生产的轿车都使用发动机 ECU 控制点火系统的工作。

单元一　点火系统的相关概念

学习目标

1. 掌握点火系统的功能。
2. 掌握点火提前角的确定方法。
3. 掌握失火检测的原理。

课程准备

知识准备：点火提前角：从点火时刻起到活塞到达压缩上止点，这段时间内曲轴转过的角度称为点火提前角。混合气从点燃、燃烧到烧完有一个时间过程，最佳点火提前角的作用就是在各种工况下使气体膨胀趋势最大段处于活塞做功下降行程。这样效率最高，振动最小，温升最低。影响点火提前角最大的因素是转速。随着转速的上升，转过同样角度的时间变短，只有更大的提前角才能得到相应的提前时间。

影响最佳点火提前角的相关因素：点火过早，会造成爆燃，活塞上行受阻，效率降低，热负荷、机械负荷、噪声和振动加剧，这是应该防止的。点火过迟，气体做功困难，油耗大，效率低，排气声大。不论点火过早或过迟，都会影响转速的提升。最佳点火提前角受很多因素影响，如果要爱车工作在理想状态下，以下因素必须考虑：

1）缸温缸压。缸温缸压越高燃烧越快，点火提前角要越小。影响缸温缸压的因素有发动机压缩比、气温、缸温和负荷。

2）汽油辛烷值。汽油辛烷值也就是汽油牌号，越高抗爆燃能力越强，相应允许更大的点火提前角。

3）燃气混合比。过浓过稀燃烧速度都慢，需增加点火提前角。这个主要看节气门开度和海拔。

4）对于难以预料的情况，电控发动机系统的车辆还加装了爆燃传感器，发生爆燃时自动减小点火提前角。

显然，要完成如此复杂的调制，靠传统的点火系统是难以胜任的。只有电子控制的点火系统才能高速、精确、稳定地实现最佳点火提前角。

1.1　电子点火系统的功能

1. 电子点火系统的作用

汽油发动机正常工作的三个要素是良好的燃油混合气、高的压缩压力、正确的点火时机及强烈的火花。点火系统的作用就是在最佳点火时机产生强烈的电火花点燃空气燃油混合气。电子点火系统能实现最佳点火提前角的控制，从而提高发动机的动力性，降低燃油消耗量和有害气体的排放量。

2. 对点火系统的要求

点火系统应在发动机各种工况和使用条件下保证可靠而准确地点火。为此点火系统应满足以下基本要求：

1) 能产生足以击穿火花塞两电极间隙的电压。使火花塞两电极之间的间隙击穿并产生电火花所需要的电压，称为火花塞击穿电压。火花塞击穿电压的大小与电极之间的距离（火花塞间隙）、气缸内的压力和温度、电极的温度和发动机的工作状况等因素有关。试验表明，当发动机正常运行时，火花塞的击穿电压为7~8kV，发动机冷起动时达19kV。为了使发动机在各种的工况下均能可靠地点火，要求火花塞击穿电压应在15~20kV。

2) 电火花应具有足够的点火能量。为了使混合气可靠点燃，火花塞产生的火花应具备一定的能量。当发动机工作时，由于混合气压缩时的温度接近自燃温度，因此所需的火花能量较小（1~5mJ），传统点火系统的火花能量（15~50mJ），足以点燃混合气。但在起动、怠速以及突然加速时需要较高的点火能量。为保证可靠点火，一般应保证50~80mJ的点火能量，起动时应能产生大于100mJ的点火能量。

3) 点火时刻应与发动机的工作状况相适应。首先发动机的点火时刻应满足发动机工作循环的要求，其次可燃混合气在气缸内从开始点火到完全燃烧需要一定的时间（千分之几秒），所以要使发动机产生最大的功率，就不应在压缩行程终了（上止点）点火，而应适当地提前一个角度。这样当活塞到达上止点时，混合气已经接近充分燃烧，发动机才能发出最大功率。

3. 电子点火系统的优点

1) 在不增加电能消耗的情况下，进一步增大了点火能量。
2) 对无线电的干扰大幅度降低。
3) 避免了与分电器有关的一些机械故障，工作可靠性提高。
4) 高速时点火能量有保证。
5) 节省了安装空间，有利于发动机的合理布置，为汽车车身的流线型设计提供了有利条件。
6) 无须进行点火正时方面的调整，使用、维护方便。

1.2 点火正时（点火提前角）的控制

在汽油发动机中，空气燃油混合气被点燃，引起燃烧产生的爆发力推动活塞下行。当最大燃烧爆发力发生在压缩上止点后10°时，热能可以最有效地转化为推动力。发动机ECU根据各种传感器传来的信号，计算出最佳点火正时与发动机工况相匹配。最佳点火正时主要由发动机转速和进气量决定，图5-1所示为D型电喷系统点火提前角三维脉谱图，脉普图存储在发动机ECU中。

点火正时控制包括起动点火控制和起动后点火控制两个基本控制。

起动点火控制是在预定的曲轴转角进行点火而不考虑发动机的运作情况。该曲轴转角称为初始点火正时角。起动后点火控制是由初始点火正时角、基本点火提前角和各种校正进行

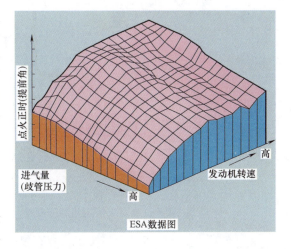

图 5-1　D型电喷系统点火提前角三维脉谱图

的。基本点火提前角根据发动机负荷和转速而计算出。

1. 起动点火控制

当发动机起动时，由于其速度较低再加上进入的空气质量不稳定，因此进气量和转速信号不能被用作控制信号进行点火提前角的计算。所以起动时点火时间设置在初始点火正时角，初始点火正时角是固定值，存储在发动机 ECU 内，其大小随发动机而异。

此外，起动信号用于确定发动机什么时候起动，并且当发动机转速小于一定的转速时，表明发动机正在起动。

2. 起动后点火控制

起动后点火控制就是当发动机起动后正常运转时的有效控制。这种控制是通过对初始点火提前角和基本点火提前角进行各种校正来完成的。

起动后最佳点火提前角＝初始点火提前角＋基本点火提前角＋修正点火提前角

（1）基本点火提前角　当发动机正常运转时，ECU 按怠速工况和非怠速工况确定基本点火提前角。

1）怠速工况。ECU 根据节气门位置信号（怠速信号）、发动机转速信号及空调开关信号，确定基本点火提前角，如图 5-2 所示。

2）非怠速工况。ECU 根据发动机转速和节气门位置信号，从存储器数据表中查出相应的基本点火提前角。

（2）校正点火提前角的控制　除转速和负荷外，其他对点火提前角有重要影响的因素均归入到修正点火提前角中。修正点火提前角包括暖机修正、过热修正、空燃比反馈修正、怠速稳定性修正和爆燃修正等。

1）暖机修正。暖机修正是指发动机处于怠速工况，发动机冷却液温度变化时，对点火提前角进行的修正。当冷却液温度低时，应增大点火提前角，促使发动机尽快暖机，随着冷却液温度的升高，点火提前角修正值逐渐减小。

2）过热修正。当发动机处于正常运行工况时，若冷却液温度过高，为了避免产生爆燃，应将点火提前角推迟。当发动机处于怠速工况时，若冷却液温度过高，为了避免发动机长时间过热，应将点火提前角增大。过热修正的变化规律如图 5-3 所示。

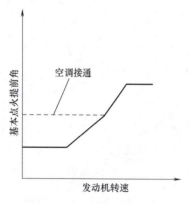

图 5-2　基本点火提前角的控制

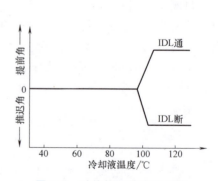

图 5-3　过热修正的变化规律

3）空燃比反馈修正。装有氧传感器的电控燃油喷射系统，ECU 根据氧传感器的反馈信号空燃比进行修正。随着修正喷油的增加或减少，发动机转速在一定范围内波动。为了提高转速的稳定性，在反馈修正油量减少时，点火提前角相应增大；当反馈修正油量增加时，点火提前角相应减小。变化规律如图 5-4 所示。

4）怠速稳定性修正。当发动机在怠速工况运行时，由于负荷的变化会使发动机转速发生变化，ECU 要调整点火提前角，使发动机在规定的怠速转速下稳定运转。当发动机处于怠速工况时，ECU 不断计算发动机的平均转速，当发动机的转速低于规定的怠速转速时，ECU 根据实际转速与目标转速差值的大小相应增大点火提前角；当发动机转速高于目标转速时，则减小点火提前角。

5）爆燃修正。爆燃和点火时刻有密切关系，一般而言，点火提前角越大，越易产生爆燃，推迟点火时间对消除爆燃有明显的作用。关于爆燃的修正请参考爆燃传感器相关内容。

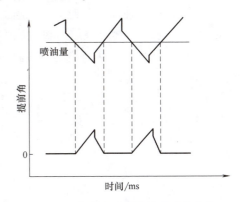

图 5-4　空燃比反馈修正的变化规律

1.3　发动机失火检测

当发动机点火系统发生故障时，吸入缸内的混合气不能及时被点燃，大量的 HC 便直接排出气缸。一部分 HC 在排气管中发生燃烧，导致三元催化器损坏；另一部分 HC 没有完全燃烧便直接排向大气中。ECU 在发动机运行过程中监控发动机的失火率。当 HC 超出正常的 1.5 倍时，相当于发动机的失火率达 2%。

发动机失火会导致发动机曲轴转速不稳。根据这一特性，发动机 ECU 根据发动机的曲轴转速传感器来监控发动机曲轴旋转平稳情况。发动机失火会改变曲轴的圆周旋转速度。通常发动机转动不是匀速的，每缸在做功时都有一个加速，不做功就没有加速。四缸机每转动 720° 应有 4 个加速。图 5-5 所示为发动机失火检测系统的工作原理。

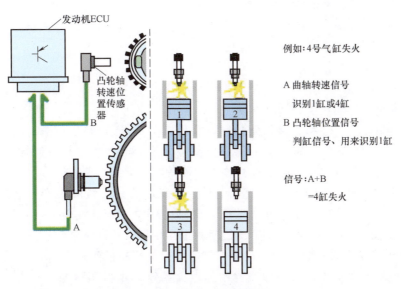

图 5-5　发动机失火检测系统的工作原理

在正常情况下，发动机压缩、做功，先是减速后是加速，属于正常现象。当发动机失火时，除了发动机压缩期间转速瞬时有所减缓外，由于发动机失火，缺乏做功时的加速，因此，发动机缺火时的转速波动极大，图5-6所示为发动机正常与失火对比。发动机ECU可以通过安装在曲轴上的转速/位置传感器来感知瞬时的角速度变化情况，从而确定哪一缸出现失火。

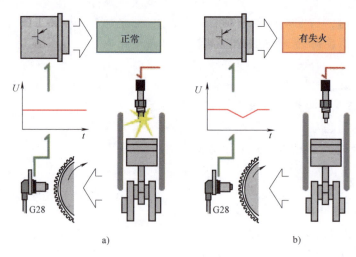

图5-6 发动机正常与失火对比
a) 无失火 b) 有失火

单元二 点火系统主要元件及工作原理

学习目标

1. 掌握点火控制组件的组成及工作原理。
2. 掌握点火线圈的结构工作原理。
3. 掌握火花塞的结构及工作原理。

课程准备

知识准备：回顾自感和互感现象。

自感：当导体中的电流发生变化时，它周围的磁场就随着变化，并由此产生磁通量的变化，因而在导体中就产生感应电动势，这个电动势总是阻碍导体中原来电流的变化，此电动势即自感电动势，这种现象就叫作自感现象。

互感：当一线圈中的电流发生变化时，在邻近的另一线圈中产生感应电动势，叫作互感现象。互感现象是一种常见的电磁感应现象，不仅发生于绕在同一铁心上的两个线圈之间，而且也可以发生于任何两个互相靠近的电路之间。

1. 电子控制点火系统（微处理器控制的点火系统）的组成

电子控制点火系统（微处理器控制的点火系统）由低压电源、点火开关、ECU点火线圈、火花塞、高压线和各种传感器等组成。有的点火系统还将点火线圈直接安装在火花塞上方,取消了高压线。点火系统的组成如图 5-7 所示。

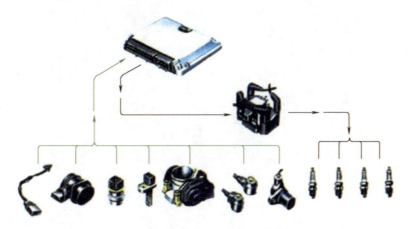

图 5-7　点火系统的组成

注意:关于点火系统中传感器和 ECU 已在前面的章节阐述,故本章只讲述点火系统中其他的元件及工作原理。

2. 电子控制点火系统的类型

电子控制点火系统根据高压配电方式的不同分为单火花点火线圈点火系统和双火花点火线圈点火系统两种,其工作原理也各不相同。

单火花点火线圈是一个缸的火花塞配一个点火线圈,各个独立的点火线圈直接安装在火花塞上,独立向火花塞提供高压电,各缸直接点火,这种结构的特点是去掉了高压线,因此可以使高压电能的传递损失和对无线电的干扰降低到最低水平。单火花点火线圈点火系统如图 5-8 所示。

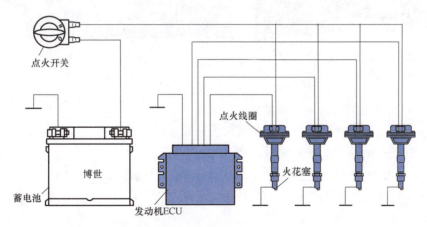

图 5-8　单火花点火线圈点火系统

双火花点火线圈点火系统,每两个火花塞共用一个点火线圈(对于 4 缸发动机)为其提供高压电源。每个点火输出极交替供电。每次点火时所连接的两个火花塞各产生一个点火火花,其中一个火花在一个气缸的做功行程中产生,另一个则在另一个气缸的排气行程中产生。双火花点火线圈的点火系统如图 5-9 所示。

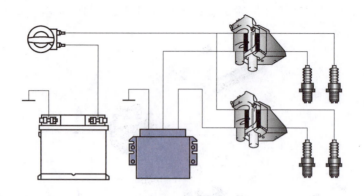

图 5-9 双火花点火线圈的点火系统

2.1 点火线圈的构造及工作原理

1. 点火线圈的功能及元件位置

点火线圈将初级线圈的低压电转化变成次级绕组的高压电，通过火花塞放电产生火花，引爆气缸内的燃油空气混合气。

点火线圈安装在发动机缸盖上，图 5-10 所示为某车型双火花点火线圈点火系统的点火线圈安装位置。图 5-11 所示为双火花点火线圈点火系统的点火线圈安装位置。

图 5-10 某车型双火花点火线圈点火系统的点火线圈安装位置

图 5-11 双火花点火线圈点火系统的点火线圈安装位置

2. 点火线圈的结构及工作原理

（1）点火线圈的结构　点火线圈由铁心和线圈组成。一次线圈直接位于铁心上，由较少圈数（100~200 圈）的粗铜丝（直径为 0.4~0.6mm）构成。二次线圈在一次线圈之上，由缠绕圈数较多（10000~20000 圈）的铜丝（直径为 0.05~0.1mm）构成。壳体由环氧树脂浇注而成，用于线圈之间以及线圈与铁心之间的绝缘。

在使用独立点火方式的点火系统中，发动机每个气缸都有单独的点火线圈，每个点火线圈的结构完全相同，结构如图 5-12 所示。

使用同时点火方式的点火线圈实际是由若干个相互屏蔽的、独立的点火线圈组装起来形成的一个点火线圈组件，整体式点火线圈的外观如图 5-13 所示。

（2）点火线圈的工作原理　图 5-14 所示为某车型整体式点火线圈的结构及内部电路。当某一个初级线圈搭铁时，该初级绕组充电。一旦 ECU 将初级绕组电路切

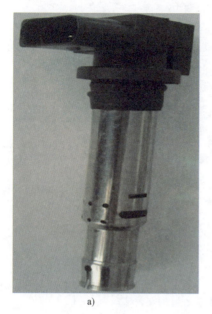 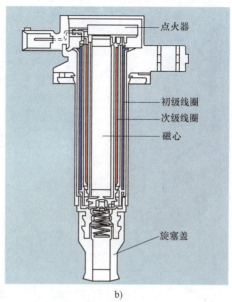

图 5-12 独立式点火线圈的实物和结构图

a) 独立式点火线圈的实物　b) 独立式点火线圈的结构

 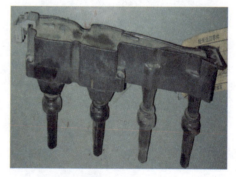

图 5-13 整体式点火线圈的外观

a) 两缸同时点火的整体式点火线圈　b) 顺序点火的整体式点火线圈

断,则充电中止,同时在次级绕组中感应出高压电,使火花塞放电。点火线圈次级绕组的两端各连接一个火花塞,所以这两个火花塞同时打火。两个初级绕组交替通电和断电,相应地两个次级绕组交替放电。

(3) 点火波形分析　点火系统的波形指的是点火线圈初级线圈和次级线圈的电压随时间的变化,通过使用示波器检测点火系统的初级和次级波形,可以判定点火系统的各个部件的工作状况,还可以判断发动机其他部分的工作状况。点火系统波形的检测有初级波形(即点火线圈内初级线圈的电压变化)和次级波形(即点火线圈内次级线圈的电压变化)。

图 5-15 所示为某车型的点火次级波形图。

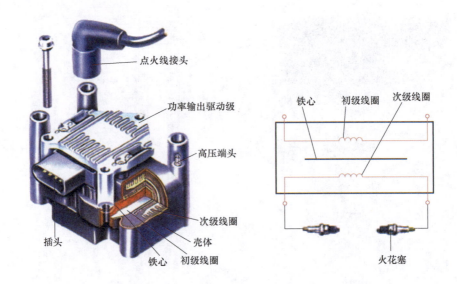

图 5-14 某车型整体式点火线圈的结构及内部电路

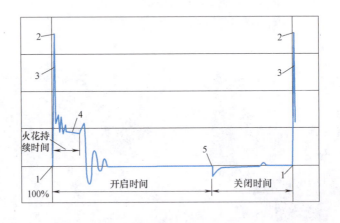

图 5-15 某车型的点火次级波形图

在点火时刻 1 时产生高压。如果达到点火电压 2，中心电极与搭铁电极之间的火花间隙开始导电，火花则能跳越过去。火花头带有强电，但其持续时间极短。只要发出电弧火花，二次电压就会突然下降到较低的燃烧电压 4。二次电压的这种上升和下降称为点火电压针 3。燃烧电压使火花电流保持平直，直至由存储器提供的能量低于某一特定值，此时火花间隙又变为不能导电了。仍存留的剩余能量以衰减振动的形式停止摆动。当接通一次电流 5 时，二次线圈产生 1000～2000V 与高压极性相反的电压，如不采取附加措施则会有接通火花的后果。一次线圈在独立式点火线圈中用一个高压电路二极管来阻止自感出的接通电压。在同时点火方式中，通过火花塞产生的高级电压阻止接通火花，因此无须采取附加措施。

（4）闭合角的控制 闭合角的控制又称为通电时间的控制。在点火系统中，流过点火线圈初级线圈的电流都有一个导通和截止的过程。从初级电流截止到导通再到截止这一周期，四冲程多缸发动机每缸所占的凸轮转角称为闭合角。闭合角的大小会影响初级线圈的通电时间，进而会影响到次级线圈的感应电压。ECU 根据蓄电池电压和发动机转速信号，从预置的闭合角数据图中查出相应的数值，对闭合角进行控制。闭合角数据图（图 5-16）存储在发动机 ECU 中。

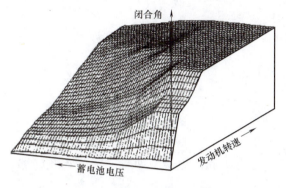

图 5-16　闭合角特性曲线

当发动机转速升高时，适当增大闭合角，以防止初级线圈通过电流值下降，造成次级高压下降，点火困难。当蓄电池电压下降时，基于相同的理由，也应适当增大闭合角。通过对闭合角的准确调节不但改善了点火系统的点火性能，而且还可以防止初级线圈发热和电能的无效损耗。

（5）点火线圈及火花塞电路　图 5-17 所示为大众某车型点火线圈和火花塞电路图。

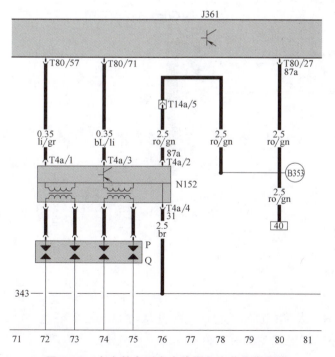

图 5-17　大众某车型点火线圈和火花塞电路图

J361—发动机 ECU　N152—点火线圈　P—火花塞插头　Q—火花塞　343—喷射装置线束中搭铁连接（点火线圈）　B353—主线束中的正极连接　40—连接到蓄电池的正极

2.2 火花塞的构造及工作原理

火花塞（Spark Plugs）的作用是把高压导线或点火线圈送来的脉冲高压电放电，击穿火花塞两电极间的空气，产生电火花以此引燃气缸内的混合气体。

1. 火花塞的结构

火花塞主要零件是绝缘体、壳体、接线螺杆和电极。某品牌火花塞结构如图 5-18 所示。

绝缘体必须具有良好的绝缘性和导热性，较高的机械强度，能耐受高温热冲击和化学腐蚀，材料通常是 95% 的氧化铝瓷。

壳体是钢制件，功能是将火花塞固定在气缸盖上。壳体六角螺纹的尺寸已纳入 ISO 国际标准。

火花塞电极包括中心电极和侧电极，两者之间为火花间隙。间隙的大小直接影响着发动机的启动、功率、工作稳定性和经济性。合理的间隙与点火电压有关。电极材料必须具有良好的抗电蚀（火花烧蚀）和腐蚀（化学热腐蚀）能力，并应具有良好的导热性。中心电极与接线螺杆之间是导体玻璃密封剂，既要能够导电，也要能承受混合气燃烧的高压，同时保证其密封性。

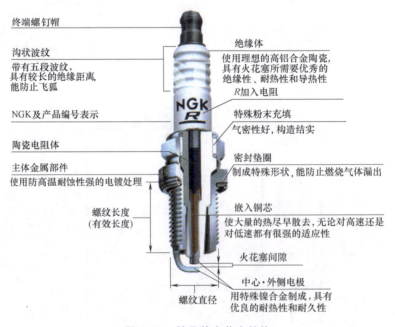

图 5-18 某品牌火花塞结构

2. 点火过程

火花塞上产生的火花点燃空气燃油混合气，使其爆发，通常称为燃烧。燃烧过程如图 5-19 所示。火花穿过空气燃油混合气从中心电极到搭铁电极，空气燃油混合气沿着火花的路径被触发，产生化学反应（通过氧化作用），同时产生热量，形成火焰中心。

火焰中心触发周围的空气燃油混合气，火焰中心的热量向外扩展并称之为火焰传播。

如果火花塞电极的温度太低或电极的间隙太小，电极将吸收火花产生的热量。火焰中心将被熄灭。电极越方形，越容易放电。某些火花塞为了改善点火性能，在搭铁电极上有一个U形槽，或在中心电极上有V形槽。那些带槽火花塞比电极上不带槽的火花塞容易形成，以形成较大的火焰中心。同样，还有些火花塞通过较细的电极来改善点火性能。

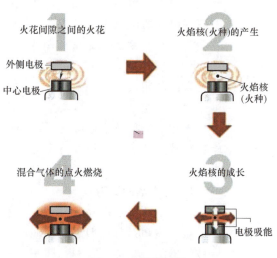

图 5-19　燃烧过程

3. 点火性能

（1）电极形状和放电性能　圆形电极放电困难，方形或尖形的电极放电较容易。火花塞经过长时间的使用，电极成了圆形之后，放电困难。因此，火花塞应定期更换。火花塞的电极越细越尖，越容易产生火花。但是，那样的火花塞耗损较快，使用寿命较短。图 5-20 所示为圆形和针形中心电极的火花塞。

采用镍基合金电极的普通火花塞已越来越不适应大功率、高转速和大压缩比的现代发动机的需要。为了使火花塞具有更高的点火性能和使用寿命，使用贵金属（铂、铱、钇等），将其用于电极并相应改进发火端的结构。贵金属具有极高的熔点，在加进某些元素（如铑、钯）后，具有极高的抗化学腐蚀的能力。将其制成细电极（直径为 0.2mm），直接烧结于绝缘体发火端中，或以直径为 0.4～0.8mm 的圆片，用激光焊接于中心电极

图 5-20　圆形和针形中心电极的火花塞

前端和侧电极的工作面。这种电极具有强烈的尖端放电效应，在电压相对较低时也能点火，其火花间隙可加大至 1.1～1.5mm。

贵金属使火花塞的性能发生了质的变化。一是电极的高耐蚀性能够保持火花间隙长期不变（在 16 万 km 试验中，铂电极火花间隙仅增大 0.05mm），使点火电压值稳定，发动机工作平稳。火花塞使用过程中无须调整修正火花间隙。二是适宜于冷态启动，由于尖端放电，点火容易，提高了发动机低速工况下的性能。三是减少电极的吸热和消焰作用，增强火花能量。细小的电极使间隙周围的空间扩大，增加了混合气的可达性，使燃烧更充分，排放更低。

（2）火花塞间隙和击穿电压　当火花塞耗损后，电极间隙变大，发动机可能会缺火。中心电极和搭铁电极间隙增大后，使得火花跳过电极就更困难，因此需要更高的电压来产生火花，所以每隔一定的里程必须调整火花塞电极间隙或更换火花塞。

（3）热值　火花塞的热值指火花塞的吸热和散热能力，它由热值指数决定。火花塞的热值必须和发动机的特性相符。

以不完全燃烧方式冷起动时会在火花塞等处沉积炭灰。积炭会在绝缘体底脚上

形成一层中心电极与火花塞壳体之间的导电化合物。因此一部分点火能量作为分流电流导出并造成点火火花减弱。燃烧残留物的沉积主要发生在温度低于500℃绝缘体底端温度时。为了避免点火断火，绝缘体底脚的工作温度必须高于约500℃的所谓"自由燃烧限值"。

当温度超过900℃时，火花塞炽热部分处有燃油空气混合气炽热点火的危险。

因此火花塞运行温度必须为500～900℃。

火花塞运行温度由吸热和散热情况共同决定。热量供给来自燃烧室。火花塞壳体吸收气缸盖热量，绝缘体温度更高。在所吸收的热量中，近20%传递给新鲜气体，近80%通过中心电极和绝缘体传递给火花塞壳体。

4. 火花塞的选型

火花塞的型号有几百种，但却不能用一种标准的火花塞通用于各种发动机。

众所周知，各种型号的发动机由于工作负荷、压缩比、转速、冷却方式和燃油标号的不同，其特性各异，即便是同一台发动机，在运转的全过程中，转速、负荷也随时变化。这些工作特性和工况上的差异集中体现在燃烧室内的热量和温度的变化。高功率发动机燃烧室的温度高于低功率发动机，高速时的温度高于怠速。火花塞的发火端伸入燃烧室，不同的发动机和发动机工况将导致发火端的工作温度不同。

由于各种发动机工作特性不同，没有一种标准的火花塞能够适应所有的发动机。因此必须要根据发动机的特性来选择相适应的火花塞，这就是火花塞的选型。

选型的基本原则是：热型发动机（大功率、大压缩比、高转速）应选配冷型火花塞（裙部长度短、导热长度短），冷型发动机（小功率、小压缩比、低转速）应选配热型火花塞（裙部长度长、导热长度长），以维持火花塞的热平衡，使其工作温度保持在500～850℃的工作范围。

以上原则在实际应用时，还需结合地域路况、燃油成分等具体情况加以修正。如果车辆经常在地势平坦、路况较佳的地段（如高速公路）行驶，车辆常处于高速状态，发动机高负荷运转，根据选型原则应当选热值较高的冷型火花塞。如果同一车辆经常行驶在地形复杂、路况较差的地段，不得不低速行驶，发动机负荷降低，火花塞达不到自净温度，就可能因油污积炭造成发动机熄火，此种情况应选低热值火花塞。前者如果采用F7TC型火花塞，那么后者就改用F6TC型火花塞。

汽油的成分对选型也有影响。通常为了提高汽油的辛烷值，常加入少量四乙铅作为抗爆添加剂。这种有铅汽油燃烧后产生的铅化物熔点较低，自净温度为450℃。如果用无铅汽油，则为500～520℃，这就要求火花塞的下限温度必须提高，此时应选用热值较低的热型火花塞。

此外，气候、温度和起动点火方式等因素也对火花塞的选型有影响，因此火花塞选型应该具体情况，具体分析。

选型一般在发动机试验台架上进行。要经过积炭试验、自净试验和炽热试验，所有试验合格后，才能确定火花塞能否与发动机匹配。

点火系统故障案例

故障现象：一辆宝马320i轿车，出现怠速不稳、加速无力的现象。

检测与修理

该车采用M50发动机，点火系统为直接点火方式，发动机电控单元是西门子系统 MS40.1。

用 OB91 检测仪进行故障诊断，显示故障码 29——第 2 缸点火控制接触不良。该故障码的存储是当火花延续时间不符合预定值或是根本没有火花的情况下产生的。因为是直接点火，且点火控制模块（点火器）在 DME 集成板内，所以无法查看点火指示信号电压波形，也不易查看点火二次电压波形，用"红盒子"示波器对点火一次信号电压波形进行检测。通过测试，发现 1、3、4、5、6 缸能显示正常的电压波形，而第 2 缸无波形显示。

根据平时的经验可知，火花延续时间不符合要求的原因有：点火线圈不良，火花塞本身不良，火花塞间隙不正确。无点火火花的原因除火花塞本身不良外，主要有：点火线圈一次侧电路有断路现象，点火线圈一次侧电源有断路现象，点火线圈一次侧或二次侧有搭铁短路现象，点火线圈二次侧与点火监控电阻间的搭铁有断路现象。如果故障码显示不止一个气缸的点火电路存在问题，且发动机转速 <5000 r/min，则 DME 与点火监控电阻间的电路有可能断路，于是，围绕第 2 缸点火故障，进行点火系统的全面检查。

1）拆下点火线圈及火花塞，测量火花塞间隙在 0.8~1.0mm，属正常范围，电极完好，裙部清洁无裂纹；测量点火线圈一次侧电阻，第 2 缸为 ∞（正常值为 0.4~0.8Ω），判断为断路（二次侧的线圈电阻是无法测量的）。

2）检查 DME 与点火线圈的线路导通情况，均正常，且无搭铁短路现象。

3）在点火开关布置于 ON 时，测量点火线圈一次侧的电压值为 12V（3 号端子），电源供应正常。

为了进一步确诊故障原因，把点火正常的第 1 缸点火线圈与已断路的第 2 缸点火线圈互换，结果发现，发动机怠速抖动更厉害，加速更无力。用 OB91 检测仪进行故障诊断，除显示故障码 29 外，还显示故障码 1——第 1 缸点火控制线路不良。用"红盒子"示波器进行点火一次信号电压波形检测，发现第 1 缸无波形显示，第 2 号进行点火一次信号电压波形不正常。

两缸点火线圈互换后，第 1 缸无波形显示，是因为原第 2 缸点火线圈一次侧断路造成的，使第 1 缸不点火；而第 2 缸波形显示点火一次信号电压只有微小变化（电压为 12V），说明原第 1 缸点火线圈一次侧未断路，但发动机电控单元对第 2 缸的控制电路不良，使第 2 缸也不点火。

更换了发动机电控单元及已断路的原第 2 缸点火线圈，故障解除。

说明：博世 M3.3.1 版的发动机电控单元与西门子 MS40.1 版的发动机电控单元都具有二次点火监控的功能。点火监控电阻与并联的 6 个气缸的点火线圈二次侧串联，利用分压信号的改变使发动机电控单元得知该缸有点火不良或不点火的情形，此时发动机电控单元为了保护三元催化器，会切断不点火的那个气缸的喷油功能，致使发动机出现怠速不稳、加速无力的故障征兆。

模块六

排放控制系统的结构及工作原理

引言

随着汽车排放法规日益严格，要求汽车对排放污染进行严格控制，排放控制系统是发动机重要的组成部分，能够对汽车排放的污染物进行控制。本章主要介绍发动机排放控制系统的一些控制措施。

学习目标

1. 汽车排放污染物的产生。
2. 汽车排放控制系统的措施。
3. 各排放控制系统的结构及工作原理。

!!! 小知识

1. CO

CO 是烃类燃料在空气不足的情况下，由于不完全燃烧而产生的有害物。CO 被人体吸收后，容易与血红蛋白结合，阻碍血红蛋白带氧，会造成人体内缺氧而使人感到头痛、恶心，严重时还导致人因窒息而死。

2. HC

HC 是石油产品的基本组成部分，其与氧的化学反应（燃烧）所释放的热量是发动机运转所需的能量，但排入大气中的 HC 则是一种污染。发动机排气中高含量的 HC 是燃料未经燃烧或燃烧不完全的产物。此外，燃油箱汽油蒸发、曲轴箱气体直接排放等，也是 HC 对大气造成污染的来源。HC 气体在阳光下与 NO_x 作用，进行光化学反应，形成含有臭氧、丙烯醛、甲醛、硝酸盐和酮等物质的光化学烟雾。这种"烟雾"具有较强的氧化力和特殊的气味，对人眼、咽喉等有刺激作用，并容易使橡胶开裂和植物受损等。在诸多的 HC 中，苯比芘还是一种致癌物。

3. NO_x

NO_x 是在温度很高的情况下氮与氧化合的产物，对大气造成污染的主要是 NO 和 NO_2。NO_x 是一种有毒并带有恶臭的气体，会引起人眼结膜、口腔、咽喉黏膜肿胀和充血，并可能导致支气管炎、肺炎等病。

1. 汽车排放控制的作用

汽车的燃料由燃油和空气组成。燃油的主要成分是 HC 以及一些其他的杂质。空气中含有氮气、氧气、水分及其他的少量气体。燃油和空气的混合物在发动机内燃烧后，经过发动机系统的净化，生成的主要成分有 N_2、O_2、H_2O、CO_2、CO、NO_x、SO_2、HC。

汽车对大气的污染主要源自发动机排出的废气，废气中含有的有害成分主要是三种有害气体，即 CO、HC 和 NO_x。在三种有害排放物中，全部 CO、NO_x 和约占 60% 的 HC 都是由发动机排气管排出的。此外，曲轴箱气体和燃油箱燃油蒸发的 HC 排放各约占汽车 HC 总排放的 20%。

对汽车排放的控制，就是通过改善燃烧、降低燃烧温度、阻断曲轴箱气体和燃油蒸发排放、净化排气管废气等手段，使汽车对大气的污染减小到最低的限度，以缓解汽车保有量增加对环境所带来的负面影响，满足人类对环境质量不断提高的要求。

2. 汽车排放控制的措施

1）机内净化。从进气系统入手，通过改善混合气的质量，使燃烧产生的有害成分降低。这一类的排放控制装置有进气温度自动控制装置、废气再循环控制装置、混合比加浓式减速废气净化装置和进气歧管真空度控制阀等。

2）机外净化。对发动机排出的废气进行再净化处理，将废气中所含的 CO、HC 和 NO_x 等有害气体转化为无害的 H_2O、CO_2 和 N_2 等气体。这一类的排放控制装置有热反应器、氧化催化剂转化器、三元催化器和二次空气供给装置等。目前广泛使用的发动机废气净化装置是三元催化转化装置。

3）污染源封闭循环净化。对曲轴箱气体及燃油箱燃油蒸发等 HC 排放源实施封闭化处理，以阻断向空气排放 HC。这类控制装置有曲轴箱强制通风装置和活性炭罐等。

单元一　燃油蒸发控制系统的结构及工作原理

学习目标

1. 了解燃油蒸发控制系统的功能。
2. 了解燃油蒸发控制系统主要元件的结构及工作原理。
3. 了解燃油蒸发控制系统的故障。

课程准备

知识准备：车用活性炭介绍。

车用炭罐活性炭一般呈灰黑色（图6-1），圆柱形或球形颗粒，无味、无毒。多采用优质木屑为原料，经粉碎、混合、挤压、成形、干燥、炭化和活化而制成。

汽油回收装置系统设计，对碳氢化学物质具有极好的吸附作用，为汽油挥发回收装置配套的专用活性炭，具有丁烷工作容量大、脱附性能好、气体流动阻力小、比重轻、密度小（单位体积重量比其他形式的活性炭低 30%~40%）、吸附容量大等

图 6-1 活性炭

特点,同时具有适宜吸附汽油蒸气最高的孔隙率,很高的工作能力以及较低的脱附残存。

进入进气歧管的回收燃油蒸气量必须加以控制,以防破坏正常的混合气成分。这一控制过程由微处理器根据发动机的冷却液温度、转速和节气门开度等运行参数,通过操纵控制电磁阀的开、闭来实现。

1.1 燃油蒸发控制系统的功能

1. 燃油蒸发控制系统的作用

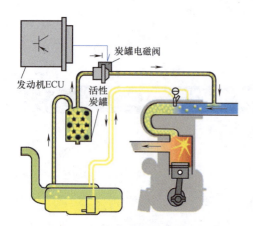

图 6-2 燃油蒸发控制系统的组成

燃油蒸发控制系统的作用是防止油箱内蒸发的汽油蒸气排入大气。它由活性炭罐、控制电磁阀及相应的蒸气管道和真空软管等组成。燃油蒸发控制系统的组成如图 6-2 所示。

活性炭罐内充满了活性炭颗粒,当油箱内的汽油蒸气经蒸气管道进入活性炭罐时,蒸气中的汽油分子被活性炭吸附。活性炭罐上方的另一个出口经真空软管与发动机进气歧管相通,软管中部有一个电磁阀控制管路的通断。当发动机运转时,如果电磁阀开启,则在进气歧管真空吸力的作用下,新鲜空气将从活性炭罐下方进入,经过活性炭后再从活性炭罐的出口进入软管的发动机进气歧管,把吸附在活性炭上的汽油分子(重新蒸发的)送入发动机燃烧,使之得到充分利用。

燃油蒸发控制如下情况时将不参与工作:
1) 发动机冷起动后一段时间。
2) 发动机冷却液温度比较低。
3) 发动机怠速运行阶段。
4) 发动机大负荷阶段。
5) 系统重要传感器有故障。

2. 混合气浓度控制原理

当燃油蒸气系统工作时,一部分汽化的汽油将通过活性炭罐被送入到进气歧管,无疑是加浓了混合气。如果燃油箱燃油耗尽时,就会稀释混合气。

氧传感器可以调节燃油空气混合气浓度,因此也可以作为一个重要的检测尺度来检测燃油蒸气控制装置。当燃油蒸气控制系统正常时,伴随着活性炭罐电磁阀的开启,混合气会被加浓,氧传感器的电压就会上升;当燃油蒸气控制系统不正常时,尽管活性炭罐电磁阀开启,混合气也不会被加浓,氧传感器的电压就不受燃油蒸气控制系统的影响。混合气浓度控制原理如图 6-3 所示。

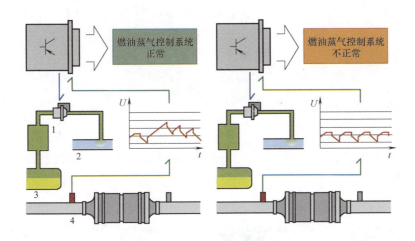

图 6-3　混合气浓度控制原理

1.2　炭罐电磁阀的结构及工作原理

炭罐电磁阀由电磁线圈、衔铁和阀等组成,结构如图 6-4 所示,炭罐电磁阀进口处设有滤网。ECU 根据发动机各传感器提供的信号,控制炭罐电磁阀的通电时间,间接地控制了燃油蒸气气流的大小。

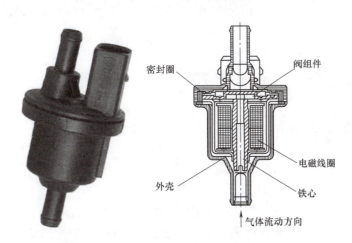

图 6-4　炭罐电磁阀的实物及结构

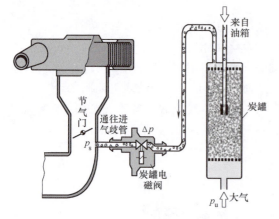

图 6-5 炭罐电磁阀两端的压差

如果炭罐电磁阀失效,由于没有备用系统,燃油蒸气将不能被净化,则在达到饱和点后,炭罐将会释放燃油蒸气。在停车时,驾驶人可以通过从车辆上散发出来的燃油气味而注意到这一情况。

注意:有的车型上对燃油蒸发控制系统的工作设置了监控的元件。

流过炭罐电磁阀的气流流量一方面跟 ECU 输出给炭罐电磁阀的电脉冲的占空比有关,另一方面还跟炭罐电磁阀进口和出口之间的压力差有关,如图 6-5 所示,图中 Δp 为进气压力 p_u 与环境压力 p_s 之差。

1.3 炭罐的结构及工作原理

炭罐就是这个系统中关键的装置,收集和存储汽油蒸气的工作主要就是由它来完成的,装在车上的炭罐其实是一个总成,它的外壳一般都是用塑料制造的,如图 6-6 所示。炭罐内部填充可以吸附蒸气的活性炭颗粒,和净化汽油蒸气的滤网等。

a)

b)

图 6-6 炭罐的外观及安装位置
a)炭罐的外观 b)某车型炭罐的安装位置

炭罐排放控制系统故障案例

故障现象:一辆行驶了 6.8 万 km、排量为 2.4L 的奥迪 A6。车主反映热车行驶过程中容易熄火,熄火后不易启动。

检测与修理

首先对该车进行 ECU 检测,用 VAS5051 检测发动机电控系统无故障码,且发动机怠速工作正常。根据车主描述的热车容易熄火,熄火后不好起动的故障现象,怀疑问题出在发动机的油路方面。油路方面存在两种可能:一种是汽油泵在热车时工作不良，另一种是发动机混合气在热车时调节不当。根据这一思路，决定先检查发动机的喷油量。发动机的基本喷油量是由空气流量计 G70 和转速传感器 G28 来计算确定的，检查发动机空气流量计的值和喷油器的喷油脉宽，怠速时空气流量计的值是 3.5g/s，喷油脉宽是 2.3ms，数值都在规定范围内。考虑到故障的表现形式是在车辆行驶中出现的，决定更换空气流量计和四个喷油器，先排除发动机喷油过多引起故障的可能。更换后试车故障现象依旧。

故障现象出现在热车状态，也不排除汽油泵的可能。更换该车的汽油泵后，故障现象还是依旧。问题检查到这里，向下的检查就需要正确的思路和细心的观察。用 VAS5051 读取发动机的数据块，影响混合气的冷却液温度传感器参数在正常范围内。此时读取发动机氧传感器参数，因为该值直接反映发动机混合气的状况。在细心观察数据块 33 组时发现氧传感器的调节显示一直在 -25%~0 范围内波动（正常范围为 -25%~25%），也就是说发动机的混合气偏浓，氧传感器一直向着稀的方向调节，确定该故障是由发动机混合气过浓引起的。那么是不是氧传感器本身的调节出了问题而导致混合气调节失调呢？随即更换了新的氧传感器试车，发现故障现象仍然依旧。此时问题的重点就是查找发动机混合气过浓的真正原因。

在排除了发动机电控系统的传感器故障和油油器、汽油泵的故障后，还有哪些地方会引起发动机的混合气过浓呢？此时想到了发动机的燃油蒸发控制系统，油箱的汽油蒸气也会加浓发动机的混合气。检查时断开了该系统的电磁阀，检查该电磁阀的工作情况。怠速发动机运转，当电磁阀不工作时（电磁阀工作时从外部就可以听到"嗒嗒"的响声），用手感觉电磁阀的进气端（如图 6-7 所示，红色箭头表示燃油蒸气流动方向）发现一直有吸力，也就是说该电磁阀一直处在打开的状态，炭罐内的燃油蒸气一直进入发动机的进气道。

图 6-7 活性炭罐电磁阀的检查

正常情况下，发动机的控制单元会不定时地打开该电磁阀。当发动机控制单元发出控制信号打开该电磁阀后，汽油箱的燃油蒸气进入进气道加浓混合气时，发动机控制单元会适当减少喷油量，以达到供给发动机合适的混合气。既然该电磁阀处在常开状态，热车时油箱中的燃油蒸气又多，该阀常开，发动机进气道的混合气就一直处在加浓状态，而发动机的控制单元由于此时还没有控制炭罐电磁阀工作，也就不会发出降低喷油量的指令，这样就会造成热车时混合气过浓引起发动机熄火。更换该电磁阀后，观察氧传感器的调节值也趋于正常，再次试车，故障排除。

活性炭罐电磁阀常开造成混合气调节过浓，更换该电磁阀即可排除故障。该故障中比较重要的一点就是观察氧传感器的数据块，判断是由于混合气过浓引起的故障。还有重要的一点就是要明白燃油蒸发控制系统的控制原理：当发动机控制单元控制电磁阀工作加浓混合气的同时，还会通过控制喷油器降低喷油量，以达到供给正常的混合气。了解这两个方面的工作原理，对于故障的查找就会有很

单元二 废气再循环系统

学习目标

1. 了解废气再循环系统的功能。
2. 了解废气再循环系统主要元件的结构及工作原理。
3. 了解废气再循环系统的故障案例。

课程准备

知识准备：比热容是单位质量的某种物质升高单位温度所需的热量。其国际单位制中的单位是焦耳。

最初是在18世纪，苏格兰的物理学家兼化学家J.布莱克发现质量相同的不同物质，上升到相同温度所需的热量不同，而提出了比热容的概念。几乎任何物质皆可测量比热容，如化学元素、气体、化合物、合金、溶液，以及复合材料。历史上，曾以水的比热来定义热量，将1克水升高1℃所需的热量定义为1卡路里。

废气再循环是针对有害气体 NO_x 而设置的排气净化装置。一般情况下，氮和氧不能生成化合物，只能在富氧的高温情况下才能发生化合反应。发动机废气主要含有 H_2O、N_2 和 CO_2，其热容较高。利用废气再循环系统把适量废气混入新鲜混合气使之参与燃烧，便可以降低混合气氧浓度，吸收燃烧放出的热量，使燃烧速度减慢、燃烧温度降低，从而减少 NO_x 生成数量。

2.1 废气再循环系统的控制原理

1. 废气再循环量对发动机性能的影响

增加废气再循环量，发动机的燃烧温度可进一步降低，抑制 NO_x 产生的作用就更有效。但废气再循环量过多，会导致混合气的着火性变差，造成发动机的油耗上升，动力性下降，HC 排放量上升。因此，必须控制废气引入量，而在发动机起动、怠速和低负荷等工况下，发动机的燃烧温度较低，NO_x 不会超量，为确保发动机可靠运行，就不能在新鲜混合气中掺入废气。

通常以废气再循环率来衡量废气的引入量，废气再循环率定义如下：

废气再循环率=废气再循环气体量/(吸入的空气量+废气再循环气体量)×100%

废气再循环控制装置通过控制废气再循环率来保证发动机运转性能良好的同时，达到最佳的 NO_x 净化效果。

废气再循环率与发动机的动力性、经济性和排放性能有关。图 6-8 所示为废气再循环率曲线，从图中可以看出，当废气再循环率增加过大时，使燃烧速度太慢，燃烧变得不稳定，失火率增加，使 HC 也会增加；废气再循环率过小，NO_x 排放达不到法规要求，易产生爆燃、发动机过热等现象。因此废气再循环率必须根据发动机工况要求进行控制。

图 6-9 所示为废气再循环率与发动机性能的关系曲线。试验结果说明：当废气再

循环率小于 10% 时，燃油消耗量基本上不增加；当废气再循环率大于 20% 时，发动机燃烧不稳定，工作粗暴，HC 排放物将增加 10%。因此通常将废气再循环率控制在 10%~20% 范围内较合适。随着负荷增加，废气再循环率允许值也增加。

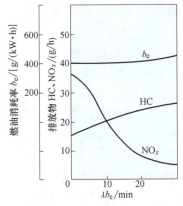

图 6-8　废气再循环率曲线

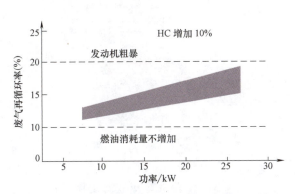

图 6-9　废气再循环率与发动机性能的关系曲线

当怠速和低负荷时，NO_x 排放浓度低，为了保证稳定燃烧，不进行废气再循环。

只有热态下进行废气再循环。当发动机温度低时，NO_x 排放浓度也较低，为了保证正常燃烧，冷机时不进行废气再循环。

当大负荷、高速时，为了保证发动机有较好的动力性，此时混合气较浓，NO_x 排放生成物较少，可不进行废气再循环或减小废气再循环率。

2. 废气量循环量的控制

ECU 根据各传感器的信号判断发动机的工况与状态，以确定是否需要废气再循环或再循环流量的大小，并输出占空比可变的控制脉冲，通过控制废气再循环电磁阀的占空比来调节废气再循环阀的开度，以实现最佳的废气再循环率控制。

为实现非线性的最佳废气再循环流量控制，在废气再循环电子控制系统的存储器中存储各工况下的最佳废气再循环流量值，通常以电磁阀占空比参数的方式存储（图 6-10），ECU 根据各传感器信号，直接查找并计算得到最佳的废气再循环电磁阀占空比值，并输出相应的占空比脉冲信号。

有些废气再循环电子控制系统通过废气再循环阀开度传感器反馈废气再循环阀开度信息，相应的在 ECU 的存储器中存储的是发动机各工况下的废气再循环阀开度参数。当工作时，ECU 根据各传感器信号查找并计算得到最佳的废气再循环阀开度，并与当前废气再循环阀开度比较。如果不相等，ECU 将调整占空比控制脉冲，将废气再循环阀的开度调整至最佳状态。

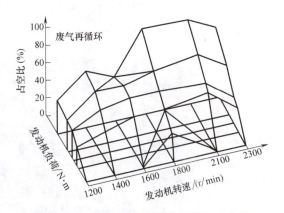

图 6-10　某车型电子控制废气再循环率曲线

2.2　废气再循环系统的组成

废气再循环系统由各传感器、发动机 ECU 和废气再循环阀等部件组成，如图 6-11 所示。

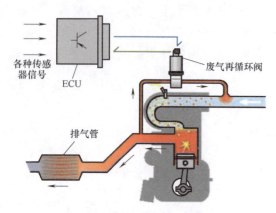

图 6-11 废气再循环系统的组成

1. 传感器

废气再循环电子控制系统有关的传感器信号及其作用如下：

1）发动机转速传感器。提供发动机转速信号，是 ECU 计算废气再循环率的重要参数之一。此外，当发动机转速低于 900r/min 或高于 3200r/min 时（高低限值因车型而不同），ECU 输出持续高电平控制信号，使废气再循环电磁阀关闭，发动机进气管无废气再循环。

2）空气流量传感器或进气压力传感器。提供发动机负荷信息，是 ECU 确定废气再循环率的另一重要参数。

3）发动机冷却液温度传感器。提供发动机温度信号，在发动机温度低时，ECU 输出控制信号，不进行废气再循环。

4）节气门位置传感器。提供发动机怠速信号，当发动机处于怠速工况时，ECU 输出控制信号，不进行废气再循环。

5）点火开关。提供发动机起动信号，在起动发动机时，ECU 输出控制信号，不进行废气再循环。

2. 废气再循环阀

在废气再循环控制系统中，废气再循环阀是关键部件。不同的废气再循环率是通过废气再循环阀的调节来实现的。电控发动机中广泛采用电子控制废气再循环阀方法。

直线型废气再循环阀是由 ECU 控制针阀位置，调节从排气进入进气歧管孔口的大小，精确地控制废气再循环率。直线型废气再循环阀由电磁线圈、针阀和一个电位计组成。图 6-12 所示为废气再循环阀及结构。

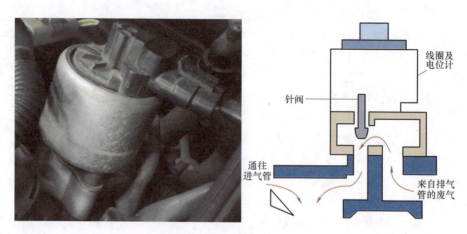

图 6-12 废气再循环阀及结构

废气再循环系统故障案例

故障现象：一辆奥迪 A6，在行驶时并无不良状况，突然松开节气门后经常出现发动机剧烈抖动或马上熄火的现象。

检测与修理

检查发动机电控系统，无故障码显示；再读各传感器和各执行器的动态数据流，均在规定范围内；测量点火提前角、急速转速都很正常。通过以上检查表明故障在电控方面的可能性不大。造成急速熄火的原因很多，如进气系统某气阀或管接头漏气，燃油压力不足或系统因某种原因脏堵，点火系统漏电或火花能量不足，燃油蒸气排放控制系统漏气，废气再循环系统工作不正常等。

首先做真空度测试，真空表显示 15～22inHg 之间，在正常范围之内，说明进气系统应该正常；检测燃油压力为 4.5～6.5kPa 范围内也正常，急加速发动机也正常，燃油系统也没有问题；暂时将燃油蒸气通道隔断后故障依旧，这说明肯定不是它的问题了。

阻断废气再循环系统通道使其暂时停止工作，急速马上恢复正常。由此可以判定引起该故障的原因是废气再循环系统工作不正常所致。阻断电磁阀与废气再循环阀之间的真空通道，故障依旧，由此判定，是废气再循环阀关闭不严。拆下废气再循环阀检查，阀门漏气。分解废气再循环阀检查，阀门和阀座上均结有积炭，积炭导致阀门关闭不严而漏气。

清洁废气再循环阀门和阀座积炭，并用研磨膏研磨阀门和阀座，经测试不漏气，装复后试车，急速运转平稳，行驶中松开加速踏板，发动机不熄火。

单元三 曲轴箱通风系统的结构及工作原理

学习目标

1. 了解曲轴箱通风系统的功能。
2. 了解曲轴箱通风系统主要元件的结构及工作原理。
3. 了解曲轴箱通风系统的故障案例。

课程准备

知识准备：发动机进气管真空度（又称为负压）是进气管内气压与大气压力差的绝对值，是汽车发动机各气缸交替进气时对进气管形成的负压值总和，一般用 Δp_x 表示。发动机进气管真空度的大小及其稳定性与工作气缸数量、发动机转速和空燃比的大小成正比，与节气门的开度成反比，也随着进气系统密封性、点火性能的变差而减小。

在发动机工作时，总有一部分可燃混合气和废气经活塞环窜到曲轴箱内，窜到曲轴箱内的汽油蒸气凝结后将使机油变稀，性能变坏。废气内含有水蒸气和 SO_2，水蒸气凝结在机油中形成泡沫，破坏机油供给，这种现象在冬季尤为严重；SO_2 遇水生成亚硫酸，亚硫酸遇到空气中的氧生成硫酸，这些酸性物质的出现不仅使机油变质，而且也会使零件受到腐蚀。由于可燃混合气和废气窜到曲轴箱内，曲轴箱内的压力将增大，机油会从曲轴油封、曲轴箱衬垫等处渗出而流失。流失到大气中的机油蒸气会加大发动机对大气的污染。

3.1 曲轴箱通风系统的功能及工作原理

发动机装有曲轴箱通风装置就可以避免或减轻上述现象，因此，发动机曲轴箱通风装置的作用如下：

1）防止机油变质。
2）防止曲轴油封、曲轴箱衬垫渗漏。
3）防止各种油蒸气污染大气。

1. 曲轴箱通风系统的工作原理

曲轴箱通风包括自然通风和强制通风，现代汽油发动机常采用强制式曲轴箱通风，又称为曲轴箱强制通风（PCV，Positive Crankcase Ventilation）系统。图 6-13 所示为某车型曲轴箱强制通风布置实物图。

图 6-13　某车型曲轴箱强制通风布置实物图

当发动机工作时，进气管真空度吸引新鲜空气经空气滤清器、空气软管进入气缸盖罩，再由气缸盖和机体上的孔道进入曲轴箱。在曲轴箱内新鲜空气和曲轴箱气体混合后经气缸盖罩、曲轴箱强制通风阀和曲轴箱气体软管进入进气管，最后经进气门进入燃烧室烧掉。曲轴箱强制通风系统的工作原理如图 6-14 所示。

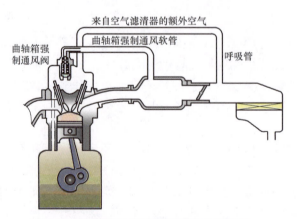

图 6-14　曲轴箱强制通风系统的工作原理

曲轴箱强制通风一般由两段管路组成，一段布置在节气门的前方，另一段布置在节气门的后方，连接在气门室罩盖上，并在此段管路上安装曲轴箱强制通风阀。

根据发动机不同的工况，曲轴箱强制通风阀的开度不同，通过的空气量也不同，由此对曲轴箱通风进行控制。

一般来说，当发动机负荷大时，进气歧管真空度小，所产生窜缸混合气的量变得较大。相反，当发动机负荷小时，进气歧管真空度大，所产生窜缸混合气的量变得较小。

2. 曲轴箱强制通风阀的工作原理

曲轴箱强制通风阀是曲轴箱通风系统的关键部件，它的外观如图 6-15 所示。曲轴箱强制通风阀在不同工况下的工作情况如图 6-16 所示。

图 6-15　某车型曲轴箱强制通风阀的外观

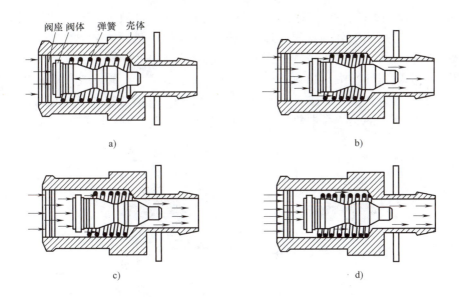

图 6-16　曲轴箱强制通风阀在不同工况下的工作情况

1）当发动机停时。此阀被弹簧力关闭，如图 6-16a 所示。

2）当怠速运转或减速时。因为真空的负压力量，阀被进一步吸入。真空通道变窄，窜缸混合气体量还很小，如图 6-16b 所示。

3）当正常运行时。因为真空度正常，真空通道较怠速运转时或减速时更宽，如图 6-16c 所示。

4）当加速或高负荷时。即使处于低真空度，此阀也被完全打开，将通道开启至全宽度，如图 6-16d 所示。

当所产生的窜缸混合气超过曲轴箱强制通风阀的吸入能力时，有部分气体从气缸盖被吸入节气门（空气滤清器侧）的前方流入进气歧管。

3.2 带油气分离器的曲轴箱通风系统的工作原理

对于采用涡轮增压的发动机，曲轴箱通风系统的结构和工作原理不完全相同，图6-17所示为大众某车型带油气分离器的曲轴箱通风系统工作原理框图。

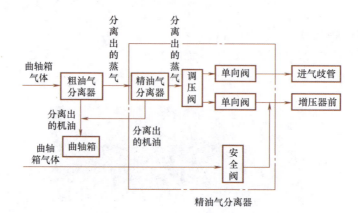

图6-17 大众某车型带油气分离器的曲轴箱通风系统工作原理框图

发动机的曲轴箱气体首先通过缸体下部缸壁上的通道被吸入到缸体下部的粗油气分离器，经过粗油气分离器的处理，曲轴箱气体中的机油被分离出来，回流到油底壳里，而被分离出来的蒸气通过缸体内预先设计好的专用通道输送到气门室盖上部的精油气分离器处。图6-18所示为某车型曲轴箱通风系统的布置。图6-19所示为某车型曲轴箱通风系统在缸盖上的实际布置。由于该专用通道与缸体做成一体，就使得流过的蒸气始终保持一定的温度，从而避免低温时蒸气发生凝结。

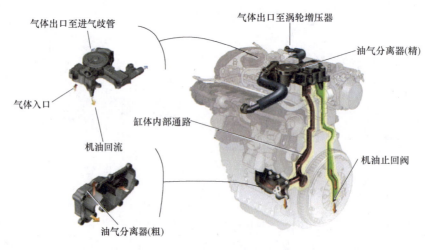

图6-18 某车型曲轴箱通风系统的布置

蒸气通过专用通道到达气门室盖后，直接进入精油气分离器，以进行第二阶段的油气分离，精油气分离器的布置如图6-20所示。在精油气分离器内，蒸气经过旋风式油气分离机构（工作原理如图6-21所示）的处理，会凝结出机油液滴，这些机油通过缸盖上的专用油道回流到油底壳，而再一次被分离出来的蒸气到达了精油气分离器内的调压阀。

图 6-19 某车型曲轴箱通风系统在缸盖上的实际布置

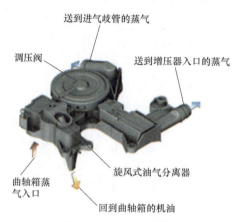

图 6-20 精油气分离器的布置

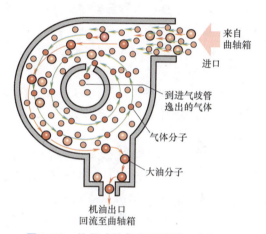

图 6-21 旋风式油气分离器的工作原理

调压阀用于调节进入燃烧室内的蒸气流量，在发动机工作时，它使曲轴箱内保持一定的真空度，并确保良好的曲轴箱通风。调压阀由两个腔室构成，二者之间以膜片分隔。调压阀的工作原理如图 6-22 所示，一个腔室通往大气，另一个腔室通往进气歧管和油气分离器。当进气歧管内的真空度增大时，曲轴箱内的真空度也增大，为防止

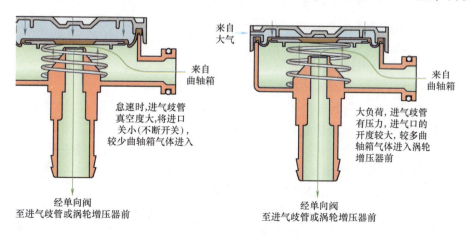

图 6-22 调压阀的工作原理

这种情况发生，由调压阀对气体通路的大小进行调节，从而将通过调压阀的气体流量控制在适当的范围内。精油气分离机构分离出的蒸气经过精油气分离器内调压阀的调节后，再经过精油气分离器内的一个单向阀的调控（精油气分离器内共有两个单向阀，用于控制蒸气向进气歧管或涡轮增压器入口的流动），最终进入燃烧室。

此处单向阀的作用：如果单向阀的出口端真空度较大，则单向阀打开通道，经过调压阀调节的蒸气可以被吸入到进气歧管或涡轮增压器的入口。

该发动机没有专门的曲轴箱强制通风系统管路和相应的曲轴箱强制通风阀，只是在精油气分离器内设置了一个安全阀，用以控制曲轴箱内的压力。当曲轴箱内的压力过高时，安全阀打开，使得未经任何处理的蒸气直接到达涡轮增压器的入口，从而防止发动机油封受到损坏。

曲轴箱通风系统故障案例
故障现象：卡宴涡轮增压 V8 2006 年款车型行驶 206300km，报修车辆冷起动时冒蓝烟。
检测与修理

根据维修工单故障维修项目和车辆使用里程数作为常规判断，故障现象可能是发动机短时烧机油造成的。

首先对进厂车辆的发动机性能进行检查，检查机油液位在正常范围之内（标度线中间位置）。起动发动机，在发动机热机状态下的各运转工况，未发现有排气冒蓝烟的故障现象，打开机油口盖，未见有大量的喘气现象（由于气缸组件过度磨损造成气缸内压缩气体向曲轴箱内泄漏），并且动力性能和运转平稳性能良好（有时瞬间有轻微的发动机抖动出现）。暂时排除由于发动机机械磨损和老化导致密封件性能降低，进气涡轮增压系统造成的机油向进气系统大量渗漏故障倾向。检查正常工作时尾气的气味，没有发现异常，排除了燃油造成冷起动燃烧异常的故障现象。

用 Piwis Tester 进入 DME 控制单元检测有故障记忆：P2189——系统怠速气缸组 2，P2187——系统怠速气缸组 1，P0507——怠速空气控制系统转速的故障记忆，都为偶发故障。根据故障引导查询，提示发动机进气系统存在泄漏故障。

当进行发动机检修时，发现曲轴箱通风系统油气分离器部位有机油蒸气外泄而导致的外部集尘现象。产生这种故障的原因，大多是由于密封不良或曲轴箱通风系统压力过高造成的，很有可能是这一系统故障造成车辆冷起动时排气冒蓝烟的故障现象。

为了诊断故障的准确性，再现故障现象，之后将车辆静置到冷车状态。并在此期间向车主了解故障现象出现时车辆的使用状态，该故障现象出现的条件如下：

1) 故障第一次出现时间为车辆维修日的前一天。
2) 故障出现的时间间隔是在车辆停放 1~2h。
3) 故障出现在车辆起动初不到 1min 的时间段内。
4) 故障出现时尾气的状态为较浓烈的蓝烟。
5) 车辆在正常温机后使用性能未有明显不正常现象，如提速性能正常，机油和燃油消耗量目前没有明显增加等。
6) 车辆进厂前添加了 0.5L 左右的发动机机油。

2h 后，重新起动车辆，观察车辆排气口的尾气排放情况，怠速时发现有蓝色烟雾排出，漫雾状，不是很浓烈和急促，大约 15s 后就不能看到明显的蓝色烟雾了，但排烟味刺鼻，与过量机油燃烧的气味相同，持续 1min 后排气基本正常。据此，故障现象确认为短时烧机油造成的。正在发动机怠速运转状态下进行下一步故障分析诊断时，发动机部位出现明显的进气系统漏气的声音，如同进气道泄漏故障现象一样。仔细听声源的部位是曲轴箱通风油气分离器，用手感觉部件周围有轻微气流扰动的感觉，按压和转动油气分离器密封盖，漏气的声音消失了。同时也发现曲轴箱通风系统与进气管稳压室连接的管件锁止损坏时，也会出现密封性能不好的现象[由于本车配有双涡轮增压系统，当涡轮增压器工作时，没有锁止的进气系统管件容易在 2bar（$1bar = 10^5 Pa$）左右的进气压力下而产生泄漏，这是产生故障记忆的原因]。至此曲轴箱通风油气分离器漏气的故障原因基本确定。

为确保故障原因的准确性，进行了气缸压力和漏气率的相关辅助性检测。拆检火花塞观看其工作情况，燃烧色泽很好，没有明显的气缸积炭；检测气缸压力均在 11bar 左右，并且各缸压力差不大于 1.5bar，测量数据值在标准范围内，各缸漏气率都在 10% 以内，属正常范围之内。

更换了右侧气门室盖和三通单向阀后，试车故障排除。之后为此车更换了发动机前后曲轴油封（曲轴箱通风系统性能变差是导致故障原因之一），再次试车，车辆性能恢复正常。

单元四　二次空气喷射系统的结构及工作原理

学习目标

1. 了解二次空气喷射系统的功能。
2. 了解二次空气喷射系统主要元件的结构及工作原理。
3. 了解二次空气喷射系统的故障案例。

课程准备

知识准备：自从世界上第一辆车排气污染控制标准实施以来，二次空气喷射系统已经被广泛地应用在汽车上，它实际上就是一种尾气排放控制实用技术，用以减少排气中的 HC 和 CO 的排放量。而且实践也已证明，空气喷射系统在汽油、柴油汽车上都能取得良好的效果。

4.1　二次空气喷射系统的功能

当二次空气喷射在发动机冷车起动时，由于必须在冷起动下供给较浓的混合气，在低温下发动机燃烧往往不是很好，大量的 CO 排出到大气中。二次空气喷射系统的空气泵将新鲜空气送入发动机排气管内，从而使排气的 HC 和 CO 进一步氧化和燃烧，即把导入空气中的氧在排气管内与排气中的 HC 和 CO 进一步化合形成水蒸气和 CO_2，从而降低了排气中的 HC 和 CO 的排放量。图 6-23 所示为二次空气

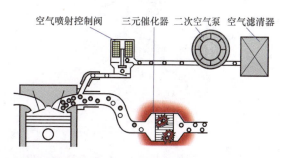

图 6-23　二次空气喷射系统在车上的布置

喷射系统在车上的布置。

喷入发动机排气管的空气可以和废气中的有害气体在排气过程中发生氧化反应，降低发动机尾气中的有害物质，同时未完全燃烧的 HC 以及 CO 与新鲜空气在排气过程中继续燃烧，可以快速对三元催化器进行预热，大大缩短三元催化器的反应时间。在三元催化器达到工作温度后，应停止二次空气喷射，避免造成三元催化器过热而毁坏。因此，在发动机冷起动后，二次空气喷射装置工作几十秒便停止工作。

4.2 二次空气喷射系统的组成

二次空气喷射系统由空气泵、空气喷射控制阀、空气喷射驱动器和连接管等组成。二次空气喷射系统在实车上的布置如图 6-24 所示。发动机控制单元通过空气喷射驱动器控制空气泵及空气喷射控制阀工作，同时空气喷射驱动器将二次空气喷射系统工作状态反馈给发动机控制单元。

1. 二次空气泵的结构及电路

二次空气泵将新鲜空气泵入排气阀附近（排气再加热）。二次空气泵由直流电动机带动叶片泵工作。二次空气泵的结构如图 6-25 所示。

某车型二次空气泵系统电路图如图 6-26 所示。发动机控制单元（J361）是通过继电器 J299 来控制二次空气泵 V101 工作的。继电器 J299 的电源端 1/30 是由位于蓄电池顶部的熔丝 SA7 供电的。

图 6-24 二次空气喷射系统在实车上的布置

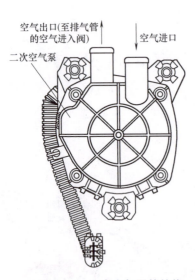

图 6-25 二次空气泵的结构

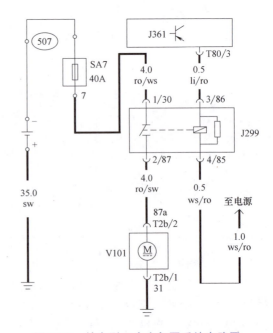

图 6-26 某车型二次空气泵系统电路图

2. 二次空气喷射阀的结构及工作原理

二次空气喷射阀是一个机械阀式单向阀，它的作用是使空气泵泵出的空气进入排气管侧，防止排气管侧的尾气进入反流而损坏空气泵。二次空气喷射阀的外观如图 6-27 所示。二次空气喷射阀的工作过程如图 6-28 所示。

1）当二次空气泵不再供电时，空气流量逐渐下降（气流的惯性），回位弹簧可快速关闭气阀，进气单向阀关闭。

2）当二次空气泵得到供电时，气阀从其阀座上抬起，气体被喷入排气歧管。

二次空气喷射系统故障案例

故障现象：一辆行驶里程约为 6000km 的大众宝来轿车，车主反映该车 OBD 警告灯有时会点亮，但车辆行驶是正常的。

图 6-27 二次空气喷射阀的外观

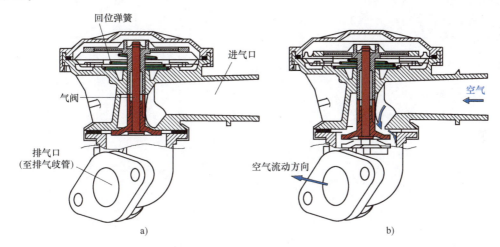

图 6-28 二次空气喷射阀的工作过程
a）二次空气喷射阀打开 b）二次空气喷射阀关闭

检测与修理

维修师试车后，未发现车主所反映的情况，使用故障检测仪 VAS5051 进行检测，发现发动机控制单元故障码为：16795 P0411 006——二次空气喷射系统检测到异常气流，偶发。观察测量记录（图 6-29），发现发动机控制单元记录的八次测量结果中

图 6-29 二次空气喷射系统故障诊断记录

有六次数值不正常（无气流）。由此可见，故障范围应该在二次空气泵本身及相关电路上。由于故障难以重现，所以决定先根据故障码提示，尝试替换怀疑的零件，并在使用中进行观察。考虑到故障概率、零件成本和更换难易程度，选择更换了二次空气组合阀，并委托客户进行观察。

四天后故障灯再次亮起，车辆返厂。此时，故障为当前存在，抓住这一有利时机，用VAS5051进行元件单体测试，发现二次空气泵不工作。查看电路图（图6-26）得知，发动机控制单元（J361）是通过继电器J299来控制二次空气泵V101工作的。

更换继电器J299后，再次进行元件测试，二次空气泵工作正常。

模块七

缸内直喷发动机的结构及工作原理

在对能源和环保要求日趋严格的今天,即使是多点燃油喷射这样的技术也不能满足人们的要求,于是更为精确的燃油喷射技术诞生,那就是缸内直喷技术。

缸内直喷就是将燃油喷油器安装于气缸内,直接将燃油喷入气缸内与进气混合,如图7-1所示。喷射压力也进一步提高,使燃油雾化更加细致,真正实现了精准地按比例控制喷油并与进气混合,并且消除了缸外喷射的缺点。同时,喷油器位置、喷雾形状、进气气流控制,以及活塞顶形状等特别的设计,使油气能够在整个气缸内充分、均匀地混合,从而使燃油充分燃烧,能量转化效率更高。

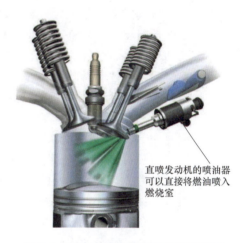

直喷发动机的喷油器可以直接将燃油喷入燃烧室

图7-1 缸内直喷发动机喷油器的布置

学习目标

1. 缸内直喷发动机的结构和工作原理。
2. 缸内直喷发动机电控系统的检测方法。

> !!! 小知识
>
> 为了解决汽油机(特别是车用汽油机)的燃油消耗率高和排污率大的问题,各国都在寻找高压缩比、稀燃和快速燃烧的方案。但是高压缩比受到汽油辛烷值和爆燃的限制,稀燃受到部分负荷时着火和燃烧稳定性的制约。大众汽车公司在受到柴油机燃油喷射,副燃烧室首先着火(作为火源),副燃烧室混合气浓度高以及组织气流运动促进燃烧等思路的启发下,开发了缸内直喷这项新技术。
>
> 这套由柴油发动机衍生而来的科技目前已经大量使用在大众(含奥迪)、宝马、梅赛德斯-奔驰和通用等车系上。各厂商缸内直喷技术英文缩写:大众:TSI(其中T代表涡轮增压)、奥迪:TFSI/FSI、梅赛德斯-奔驰:CGI、宝马:GDI、通用:SIDI、福特:GDI。

1. 缸内直喷式与进气道喷射式汽油机的比较

电喷式汽油机按喷射位置可分为两种形式：进气道喷射式和缸内直喷式。其主要差别在于混合气的制备过程不一样。进气道喷射发动机当进气门关闭时，将燃油喷在各缸进气阀的背面，进气行程中油气混合物进入气缸。在冷起动过程中，由于蒸发不完全，燃油会在进气道、进气阀背部表面形成油膜，实际喷入的燃油量远远超过了按化学当量比计算得到的喷油量，HC 排放显著增加，因此对进气道喷射汽油机而言，在美国 FTP 排放测试中最初的 90s 内经常产生 HC 总量 90% 的情况。相反，直喷式汽油机避免了进气道湿壁现象的问题，为燃油的精确计量提供了方便，相应地降低了冷起动过程中 HC 的排放量，提高了发动机的瞬态响应速度，发动机基本上在第二个工作循环就能正常运转起来。

进气道喷射发动机的另一个局限性在于负荷的变化依靠节气门的调节。尽管节气门控制对发动机来说已是成熟的技术，但它带来的热动力损失是相当大的。任何利用节气门来调节负荷的系统都会面对这种损失，并且会使发动机在低负荷时热效率降低。相反，直喷式汽油机可以不再使用节气门来调节负荷，而是利用缸内空燃比的变化来达到发动机的工况要求，这一工作原理提高了缸内直喷发动机在部分负荷时的容积效率，燃油经济性随之得以改善。

2. 缸内直喷发动机的特点

采用燃油直喷技术的发动机，能在火花塞点火之前把汽油直接喷射到燃烧室，同时在 ECU 的精确控制下，使混合气体分层燃烧（既可保证火花塞稳定点火，又不至于造成过多 NO_x 生成和冒烟现象的发生）。这种技术可以让靠近火花塞处的混合气相对较浓，远离火花塞的混合气相对较稀，从而更有效地实现"稀薄"点火和分层燃烧。并且由于不用加热（进气加热使汽油挥发，密度减小）而提高了进气充量，在部分负荷时也没有因为要用节气门进行调节发动机的功率而减小了进气气阻。采用缸内直喷技术的汽油机的空燃比可以调节到比用化学计算法得出 14.7:1 更稀薄的状态，从而能够将内燃机的燃料效率提高 20%。其局限性主要是因为空气过量而使 NO_x 排放增加。

采用直喷技术后，燃油以细微滴状的薄雾方式进入气缸，而不是以蒸气的方式。这意味着当燃油雾滴吸收热量变为可燃蒸气时，实际上对发动机的气缸起到了冷却的作用。这种冷却作用降低了发动机对辛烷值的要求，所以其压缩比可以有所增加。正如柴油一样，采用较高的压缩比可以提高燃料的效率。

采用直喷技术的另一优点是能够加快油气混合气体的燃烧速度，这使得直喷发动机和传统喷射发动机相比，更有利于废气再循环。让发动机燃烧非常稀薄的油气混合气体也就意味着其每个工作循环燃烧的燃料量更少，因而产生的功率也就更小。当汽车在高速或高负荷下行驶时就会出现动力不足的情况，因此要配备一个电子系统，用以检测来自发动机各种运转情况和探测驾驶人希望在高负载或高车速下操纵汽车，喷射脉冲就会提前在进气行程进行更多的燃油喷射，以确保提供高负荷时所需要的大功率，而在正常情况下，诸如城市市区的低负载驾驶工况，燃油在压缩行程延迟喷射，这时喷油系统提供极稀薄的油气混合物分层，从而提高了发动机的燃油经济性。

缸内直喷技术对发动机的排放具有很重要的影响。当较少的燃料在一个富氧的环境中燃烧时，HC 和 CO 的产生量会大大减少。另一方面，NO_x 的产生却会有所上升。为了避免这个问题的发生，则可以利用适当的废气再循环来抑制 NO_x 产生，缸内直喷发动机一般采用了 30% 的废气再循环率，并配置了 NO_x 存储式催化净化反应器，通过这些措施，直喷发动机的尾气排放可以得到很好的控制。

缸内直喷同时也要面临歧管喷射发动机所没有的困难。如在要求的工作范围内如何对分层燃烧进行有效的控制；确定怎样的喷油控制策略来保证较好的负荷切换，以适应于直喷喷油器设计，解决小负荷时 HC 排放过高，大负荷时 NO_x 排放过高并有碳烟形成，及由于汽油自润滑性差导致的燃油喷射系统和缸壁磨损等。

单元一　缸内直喷发动机进气系统的结构及工作原理

学习目标

1. 学习缸内直喷发动机进气系统的结构和工作原理。
2. 掌握缸内直喷发动机进气系统的故障现象及引起故障的原因。

课程准备

知识准备：缸内直喷发动机与传统的燃油喷射系统在工作原理上有一定的差异。主要表现在进气系统、燃油系统和排放系统三方面。缸内直喷发动机按照发动机负荷工况，基本上可以自动选择在低负荷时为分层稀薄燃烧，在高负荷时则为均质理论空燃比（14.6~14.7）燃烧。在中间负荷状态时，采用均质稀混合气模式。在三种运行模式中，燃料的喷射时间有所不同，真空作用的开关阀进行开启/关闭来控制进气气流的形态。

1.1　进气系统的结构及工作原理

FSI 是大众和奥迪对缸内直喷发动机的简称，英文直译为燃油分层喷射。本书以缸内直喷发动机为例进行缸内直喷发动机的技术讲解。在进气方面，缸内直喷发动机具有三种工作方式，分层充气模式、均质稀混合气模式、均质混合气模式，在不同的工况下采用不同的空燃比。图 7-2 所示为某车型各充气模式与发动机转速和负载的关系特性曲线。

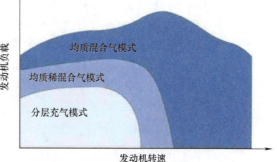

图 7-2　某车型各充气模式与发动机转速和负载的关系特性曲线

分层充气模式主要应用在发动机小负荷和低转速的区域内。通过燃烧室中的混合分层，发动机可以在空燃比约为 1.6~3 的范围内运行。在燃烧室中心的火花塞周围有极易点燃的混合物。这些混合物被一层由新鲜空气和再循环废气组合的外层包围。

均质稀混合气模式在图 7-2 中位于分层充气模式和均质混合气模式之间的过渡区域。这些稀薄的混合物被均质地（均匀地）分布在燃烧室中。空气/燃油混合比约为 1.55。

在更高负载和转速的区域中,发动机运行在均质充气模式中。在这种操作模式中,空气/燃油混合比约为 1。

图 7-3 所示为某车型缸内直喷进气及喷油布置图。从图中可见,在进气歧管中布置了进气歧管风门转换装置。在不同的充气模式下,转换装置的开度不同。活塞顶部的形状设计了燃油凹腔和气流凹腔。

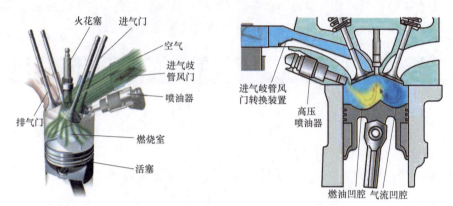

图 7-3 某车型缸内直喷进气及喷油布置图

1. 分层充气模式

在分层充气模式下空气经过接近全开的节气门(节气门不能完全打开,因为总是得保持一定的真空用于活性炭罐装置和废气再循环装置)引入燃烧室。此时,进气歧管翻板会将下部进气道完全关闭,这样吸入的空气在上部进气道流动的速度就加快了,于是空气会呈旋涡状流入气缸内。活塞上的凹坑会增强这种涡旋流动效果,与此同时,节气门会进一步打开,以便尽量减小节流损失。在压缩行程上止点前约 60°时,高压燃油以 50~110bar 的压力喷入到火花塞附近。燃油的喷射时刻对混合气的形成有很大的影响,混合气形成只发生在 40°~50°曲轴角之间,如果曲轴角小于这个范围就无法点燃混合气,如果曲轴角大于这个范围混合气就变成均质充气了,如此稀薄的均质混合气是无法点燃的。由于燃油喷射角非常小,燃油雾气实际并不与活塞顶接触,所以称之为所谓的"空气引入"方式。并且只在火花塞附近聚集了具有良好点火性能的混合气,这些混合气在压缩行程中被点燃。另外在燃烧后,被点燃的混合气与气缸壁之间会出现一个隔离用的空气层,它的作用是降低通过发动机缸体散发掉的热量,提高了热效率。图 7-4 所示为分层充气模式下的发动机四冲程循环。

分层充气模式并不是在发动机所有工况下都能实现的,这是因为当负荷增大时,需要使用较浓的混合气,燃油消耗方面的优势也就随之下降了。另外当空燃比小于 1.4 时,燃烧稳定性就变差了,这是因为转速升高后,混合气准备的时间就不足了,且空气的涡旋流动也对燃烧稳定性产生不利的影响。

2. 均质稀混合气模式

均质稀混合气模式位于分层充气模式和均质混合气模式之间的特性曲线区域。因此,均质稀混合气模式存在于整个燃烧室内。图 7-5 所示为均质稀混合气模式下的进气、喷油、混合气形成和燃烧过程。均质稀混合气模式中燃油在进气行程喷射,并且由于产生加速稀薄混合气燃烧的纵涡流,歧管风门转换阀被关闭。这时,阻碍燃烧的废气再循环暂不进行。与均质理论空燃比燃烧不同的是,吸入空气量超过燃

模块七 | 缸内直喷发动机的结构及工作原理　137

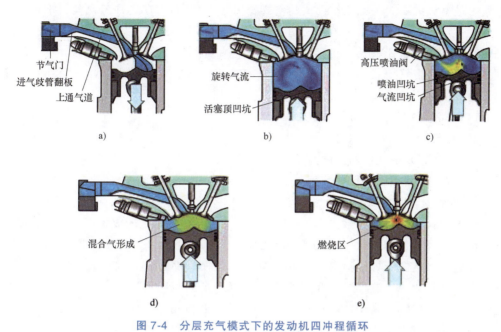

图 7-4　分层充气模式下的发动机四冲程循环
a）分层充气进气过程　b）分层充气压缩行程　c）分层充气喷油行程
d）分层充气混合气形成过程　e）分层充气燃烧过程

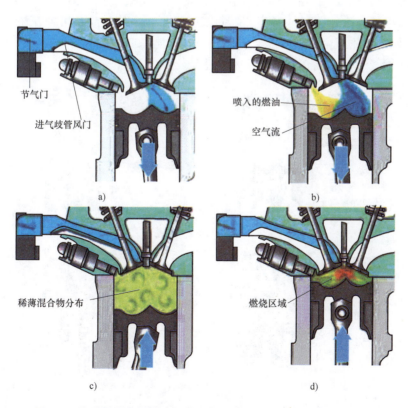

图 7-5　均质稀混合气模式下的进气、喷油、混合气形成和燃烧过程
a）均质稀薄进气过程　b）均质稀薄喷油过程　c）均质稀薄混合气形成过程　d）均质稀薄燃烧过程

油喷射量燃烧的需要,此工作模式的空燃比为1.55左右,在这种工作模式下也和分层充气一样是节气门开度大。只不过是在点火上止点前300°左右时喷入燃油,形成混合气的时间也就比较长,有利于形成均匀的稀混合气。

均质稀混合气模式是一种特殊的工作模式,像分层充气模式一样也只能在一定的转速范围内正常工作,并且还需要满足以下条件:

1) 没有与排放系统有关的故障。
2) 冷却液温度必须超过50℃。
3) NO_x三元催化器的温度为250~500℃范围内。
4) 进气道翻板必须保持关闭状态。

3. 均质混合气模式

均质混合气模式的空燃比为1,节气门开度按照加速踏板的位置来控制,在发动机负荷较大且转速较高时,进气歧管翻板就会完全打开,于是吸入的空气就经过上、下进气道进入气缸。燃油喷射并不是像分层充气模式那样在压缩行程时发生,而是发生在进气行程中,这样燃油和空气就有了更充足的时间来混合,并且可以利用空气的流动旋转的涡流来击碎燃油颗粒,使之混合更加充分。均质模式的优点在于燃油是直接喷入燃烧室内,而吸入的空气可抽走一部分燃油汽化时所产生的热量。这种内部冷却可以降低爆震趋势,因此可以提高发动机的压缩比和热效率。在高负荷中所进行的均质理论空燃比燃烧中,燃油则是在进气行程中喷射。理论空燃比的均质混合气易于燃烧,不必借助涡流作用,因此,由于进气阻力减小,开关阀打开。而在全负荷以外,进行废气再循环,限制泵吸损失,采用直喷化可使压缩比提高到12∶1,即使在均质理论空燃比混合气燃烧中,仍能降低油耗。图7-6所示为均质混合气模式下进气、喷油混合气形成及燃烧过程。

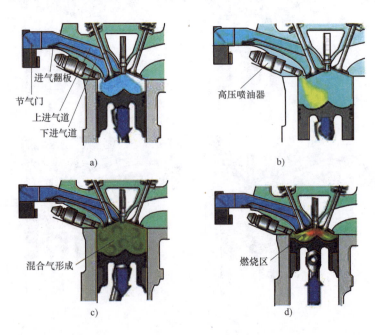

图7-6 均质混合气模式下进气、喷油混合气形成及燃烧过程

a) 均质混合气进气过程 b) 均质混合气喷油过程 c) 均质混合气形成过程 d) 均质混合气燃烧过程

课堂互动：为什么要在缸内直喷发动机中设置三种不同的充气模式？

1.2 进气歧管风门转换装置

进气歧管风门转换装置安装在进气歧管的上部和下部，取决于操作模式，它被用来控制流入气缸的空气流量。图7-7所示为某车型进气歧管风门转换装置结构，它是由真空执行元件、进气歧管风门、进气歧管风门阀、进气歧管风门气流控制阀和真空箱等组成。

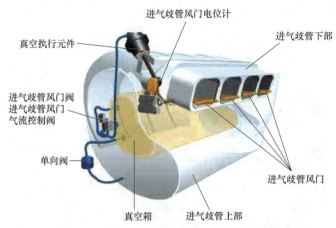

图7-7　某车型进气歧管风门转换装置结构

1. 进气歧管风门电位计

进气歧管风门电位计安装在进气歧管的下部并且与进气歧管风门的轴连接。进气歧管风门电位计识别进气歧管风门的位置，并且将此位置信号传送给发动机控制单元。因为进气歧管风门转换装置会影响点火、残余气体浓度和进气歧管的脉冲动作，所以，进气歧管风门的位置与废气排放有关系，并且必须由自诊断进行检查。

故障模式：如果电位计的信号发生故障，发动机仅能在均质混合气模式中运行。

2. 进气歧管风门气流控制阀

进气歧管风门气流控制阀安装在进气歧管的上部。发动机控制单元操纵该阀并且打开真空储气罐至真空执行元件的通道。真空执行元件驱动进气歧管风门。

故障模式：如果该阀发生故障，发动机仅能在均质混合气模式中运行。

3. 空气质量计和进气温度传感器

空气质量计和进气温度传感器两个传感器集成在一个壳体内，并位于节气门控制部件进气通道的前端。热膜式空气质量计带有空气回流识别功能，作用是尽可能精确地产生一个发动机负载信号。它不仅能测量出进气量而且也能判断出当阀打开和关闭时有多少空气反向流动。进气温度传感器起着修正空气流量值的作用。

故障模式：空气质量计和进气温度传感器信号被用来计算所有与负载相关的功能。这些功能包括点火正时和活性炭罐系统。如果空气质量计发生故障，系统使用进气歧管压力传感器的信号作用负载信号。

4. 进气歧管压力传感器

进气歧管压力传感器被安装在进气歧管的上部。它测量进气歧管内的压力并且把一个相应的信号传送给发动机控制单元。发动机控制单元使用此信号，以及空气质量计和进气温度传感器的信号来计算精确的废气再循环率。

故障模式：进气歧管压力传感器在发动机冷起动时也被用来检测负载的状态，因为进气时的脉动会使得空气质量计的信号不准确。

迈腾 TSI 进气歧管翻板导致尾气排放警告灯点亮故障案例

故障现象：一辆 2007 年产一汽大众迈腾 1.8TSI 轿车，尾气排放警告灯经常点亮，但如果熄火后再起动，警告灯就会熄灭，很长时间就不会再点亮。查询不到故障码，但一段时间后尾气排放警告灯又会点亮。当警告灯点亮后，发动机并没有明显的异常表现，加速和行驶性能都很好。为此故障曾经更换过进气歧管风门位置/运行控制传感器。使用故障检测仪 VAS5052 进行系统检查，存储故障码 P2015，如图 7-8 所示。故障码 P2015 的含义为"进气歧管风门位置/运行控制传感器不可靠信号，偶发"。

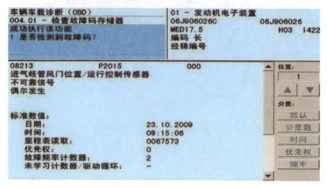

图 7-8 迈腾进气歧管风门位置 P2015 故障码

检测与修理

考虑到该车更换过进气歧管风门位置/运行控制传感器，应该进行发动机控制单元和进气歧管翻板的匹配，于是利用故障检测仪的引导性功能，按照故障检测仪的提示进行操作。进行操作时需要注意，首先确保蓄电池的电压高于 13.72V，在发动机怠速运行的状态下进行匹配，匹配中进气歧管翻板的实际开度会不断变大，最后提示将点火开关关闭 50s，等待匹配自动完成。迈腾匹配进气歧管翻板如图 7-9 所示。

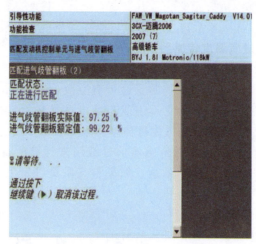

图 7-9 迈腾匹配进气歧管翻板

进行匹配操作后，读取怠速状况下发动机数据流中的 142 组，进气歧管翻板实际位置 0.00%，进气歧管翻板额定位置 0.00%，进气歧管翻板电压补偿值为 3.82V，3min 后以上数值变为 0.80%、0.00% 和 3.82V。当急加速时，进气歧管风门位置/运行控制传感器已经完全打开，机械部件工作正常，但查看数据流，可以看到传感器数值为 99.2%，这是不正常的。于是决定拆解进气歧管进行检查。使用真空表对进气门翻板真空阀进行检查，图 7-10 所示为使用真空表测试进气歧管翻板真空阀。

考虑到进气歧管风门位置/运行控制传感器更换的时间不长，损坏的可能性很小，于是进行传感器供电静态电压测量，结果为正常的 5V，搭铁也是正常的，用真空枪测试进气歧管翻板真空阀也没有发现泄漏的迹象。进一步分析，如果控制风门位置传感器的真空电磁阀泄漏，也会造成位置传感器的信号不正确，发动机控制单元检测传感器有不正确的电压而点亮故障灯，经过检查也排除了这个可能性。拆下进气歧管，在转动进气歧管翻板的同时读取进气歧管风门位置/运行控制传感器的数据，发现只要轻微将进气歧管翻板做径向移动，进气歧管翻板实际位置数值就会有较大的变化，这是不正常的。图 7-11 所示为进气歧管风门位置/运行控制传感器的安装位置。

图 7-10　使用真空表测试进气歧管翻板真空阀

图 7-11　进气歧管风门位置/运行控制传感器的安装位置

松开进气歧管风门位置/运行控制传感器的两个固定螺钉，通过故障检测仪读取进气歧管翻板实际位置数值，同时细心地调整进气歧管风门位置/运行控制传感器的位置。直到进气歧管翻板在关闭状态下，无论如何径向移动，读取传感器的数据流都没有信号输出为最佳位置。可以看到，传感器安装位置调整前后相差约为 0.5mm，调整完成后经过长时间的试车，数据一切正常，尾气排放警告灯再未点亮。

单元二　缸内直喷发动机燃油系统的结构及工作原理

学习目标

1. 学习缸内直喷发动机燃油系统的结构和工作原理。
2. 掌握缸内直喷发动机燃油系统的故障现象及引起故障的原因。

2.1 缸内直喷发动机燃油系统的工作原理

缸内直喷发动机燃油系统一般分为低压油路、高压油路以及电子控制部分，以奥迪 2.0TFSI 为例介绍此燃油系统。

1. 燃油系统总体介绍

缸内直喷发动机燃油系统包括低压泵和高压泵。低压油路包括汽油泵、汽油滤芯（内置燃油压力调节器）以及低压油管。高压油路主要包括机械式高压泵、高压喷油器、燃油分配管和高压油管等。电子控制部分主要包括低压燃油压力传感器、高压燃油压力传感器、压力调节电磁阀、油泵控制模块和发动机控制单元等。缸内直喷发动机燃油系统布置如图 7-12 所示。

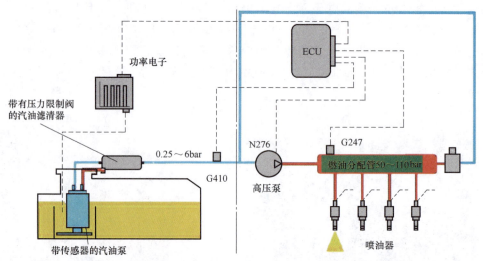

图 7-12　缸内直喷发动机燃油系统布置

在低压燃油系统中，电子燃油泵由位于燃油箱上方的油泵控制模块控制，实现汽油泵的可变功率控制。电动汽油泵产生的燃油压力经过汽油滤芯内的燃油压力调节器后，向高压泵供应 4~6bar 的燃油，发动机控制单元通过低压燃油压力传感器监测低压燃油的压力，根据不同的转速和功率的要求进而输送信号给油泵控制模块，实现汽油泵的可变功率转换。

高压燃油压力由一个单活塞高压泵经燃油计量阀建立起来，然后再通过燃油分配管输送给高压喷油器上。根据发动机转速和负荷的不同，在高压燃油系统中燃油压力约为 50~110bar。如图 7-13 所示，在高压泵与燃油分配管上安装了压力限制阀，这是用来保护高压器件的。该阀压力超过 120bar 时打开。燃油分配管上安装了高压燃油压力传感器用来监测高压燃油压力，该压力信号是发动机控制单元作为控制调节燃油压力调节阀 N276 的一个反馈信号。

2. 高压泵及高压调节

单活塞高压泵由凸轮轴以机械方式驱动，电动燃油泵给高压泵预供油。预供油压约 4~6bar 的低压燃油压力经过高压泵，产生燃油分配管内所需的燃油压力（50~100bar）。高压泵的压力由一个压力调节电磁阀通过发动机控制单元依据转速和负荷来调节。为了减小高压压力的波动，在高压泵体上安装了压力缓冲器。如图 7-14a 所

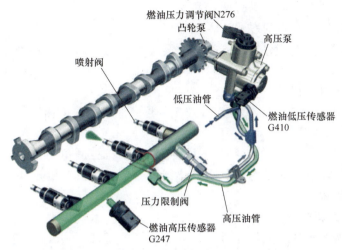

图 7-13　缸内直喷发动机高压燃油系统示意图

示，当高压泵活塞向下运动时，燃油以最高 6bar 的压力经进油泵进入泵腔。同时，活塞向下运动也会吸入燃油。如图 7-14b 所示，高压泵活塞向上运动时燃油被压缩，于是通过燃油分配管上的压力就升高，高压燃油被输送到燃油分配管道上。

高压泵上安装了一个压力调节阀，用来调节高压燃油系统的压力。如图 7-14c 所示，该压力调节阀由发动机控制单元依据发动机转速和负荷进行控制，在供油升程前结束启动，电磁阀工作，泄油腔打开。这样泵腔内的高压燃油就会经泄油腔泄掉。泵腔内单向阀的作用是防止燃油分配管道上的燃油压力泄压。油量电磁阀的电阻值是 1.7Ω。高压喷油器将燃油直接喷入燃烧室内，电阻值约为 1.4Ω。

高压喷油器的任务是计量出一定的燃油，并将这些燃油在燃油室中的一定区域中雾化，以便形成所需要的均匀燃油空气混合气（分层充气或均质充气）。由于喷油器的制造精度较高，对燃油的品质要求也较高。如果燃油中有杂质，容易导致喷油器堵塞，出现加速不良，怠速发抖或行驶中窜动等故障。

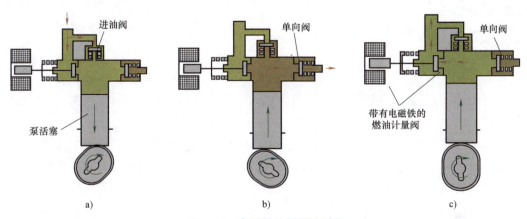

图 7-14　高压燃油泵泵油过程

a) 高压泵活塞建立压力　b) 将高压燃油供入燃油分配管　c) 高压燃油压力调节

3. 燃油压力传感器

发动机控制单元使用燃油压力传感器的信号并按照特性曲线图中存储的数据对

高压燃油系统中的燃油压力进行调节。

从燃油分配器中流出的燃油流入燃油压力传感器中,燃油压力传感器的结构如图 7-15 所示。

1)当燃油压力较低时,钢质膜片仅稍稍变形,结果在应力测试仪上显示的电阻值很大并且信号电压很低。

2)当燃油压力很高时,钢质膜片严重变形,结果在应力测试仪上显示的电阻值很小并且信号电压很高。

电子装置对该信号电压进行放大并传送至发动机控制单元。燃油压力则由燃油压力调节阀进行调节。如果燃油压力传感器信号失灵,发动机控制单元用一个固定值驱动燃油压力调节阀。

4. 燃油压力调节阀

燃油压力调节阀的任务是调节燃油分配器中的燃油压力,该调整与喷油量和泵的输油量无关。燃油压力调节阀的结构如图 7-16 所示。

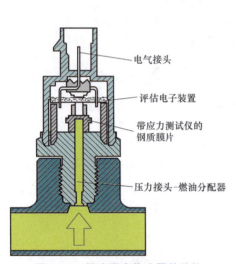

图 7-15 燃油压力传感器的结构

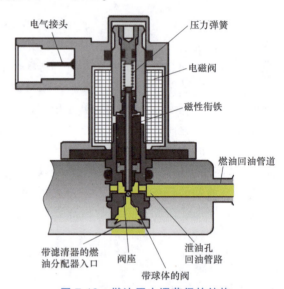

图 7-16 燃油压力调节阀的结构

如果检测到的实际燃油压力与设定压力之间存在差异,由发动机控制单元发出的脉冲宽度调制信号就会驱动燃油压力调节阀。结果,就会在电磁线圈中感应出磁场,并且调节阀中阀球的阀体会向上运动并离开阀座。就这样,根据信号的大小回油管道的横截面会发生相应的变化,从而改变燃油的输送量并调节燃油压力。

如果传感器信号失灵,调节阀处于无电压时的闭合状态。这就确保了系统中始终有足够的燃油压力。为了保护部件不因过高压力而损坏,燃油压力调节阀中安装了一个用弹簧驱动的机械式限压装置,它在燃油压力为 120bar 时打开。

2.2 活性炭罐系统

为了满足国家对碳化氢排放物的基本要求,安装该系统是非常必要的。它能防止从燃油箱中逃逸的燃油蒸气排放到大气层中。因为,燃油蒸气被存储在活性炭罐中并且以一定的间隔烧掉。

1. 在均质稀混合气模式和均质混合气模式中

在均质稀混合气模式和均质混合气模式中，可点燃混合物被均匀地分布在燃烧室中，所以燃烧过程发生在整个燃烧室中，从活性炭罐中排放出的燃油也被烧掉。

2. 在分层充气模式中

在分层充气模式中，可点燃混合物仅存在于火花塞的周围。但是，有部分从活性炭罐中排放出的燃油位于不会点燃的外部区域，这就可能导致不完全燃烧并且增加废气中碳化氢的含量。由于这个原因，分层充气模式只能使用在那些能够计算低负载活性炭罐的车辆中。

发动机控制单元计算出活性炭罐系统能够输出多少燃油，然后，控制单元向电磁阀供电并且匹配喷油量和对节气门进行调节。

为此，发动机控制单元需要使用下列信息：

1) 来自热膜式空气质量计（G70）的发动机负载。
2) 来自发动机转速传感器（G28）的发动机转速。
3) 来自进气温度传感器（G42）的进气温度和。
4) 来自氧传感器（G39）活性炭罐的负载状态。

2.3 双喷射系统

双喷射系统是指将直喷技术与传统燃油喷射技术相结合，在低负荷工况下，安装在进气歧管处的喷油器在进气行程时会打开喷孔进行喷油，这个过程与普通多点电喷发动机相同，而在高负荷情况下，直喷系统会全权代理气缸的燃油工作。双喷射系统不但获得了均衡的高低转速动力性能，同时也降低了排放（现在欧洲的严格排放标准对于所有厂商都是不小的压力）。以大众 1.8TFSI 发动机所使用的双喷射系统为例，喷油压力在极限的情况下最高可达 200bar，而 150bar 的最低燃油喷射压力也要高于其他品牌所使用的直喷系统。喷油压力越高则可以将燃油打得越散，以增大每一滴燃油的燃烧面积，提高燃油的利用率，进而达到省油的目的。图 7-17 所示

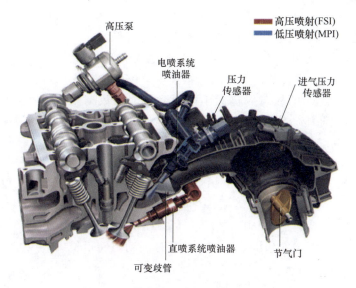

图 7-17　某车型双喷射系统结构布置图

为某车型双喷射系统结构布置图。

2.4 燃油系统的维修

在维修检测过程中,燃油系统是一项非常重要的部分。如在奥迪 A6L2.0TFSI 的诊断系统中,对燃油系统提供了数据流分析的测试项。图 7-18 所示为数据流组号 103 中的第一行,可观察出低压燃油的压力值,该数值是由低压燃油压力传感器监测出来的。

---
1)发动机燃料实际压力[mbar] 3000~6000
2)控制器燃油压力[%/]
3)电动燃油泵匹配值[%]
4)燃油泵匹配[测试切断/正在匹配/匹配正常/错误]

图 7-18 103 组数据流㊀

图 7-19 所示为数据流组号 106 中的第一行,可观察出高压燃油的压力值。该压力值在急速时的燃油压力约为 50bar,急加速燃油压力最高可达 110bar。该压力值由燃油分配管上的高压燃油压力传感器监测出来的。如果车辆不能起动,怀疑燃油系统有故障,即可不需要接上燃油压力表,就可快速判断燃油压力的数值是否正常,从而大大提高了判断故障的效率。

---
1)燃油管道压力[bar]
2)电动燃油泵切断 1/2[切断/接通或%PWM]
3)空
4)切断时间

图 7-19 106 组数据流

缸内直喷发动机燃油系统故障案例

故障现象 1:一辆 2007 款奥迪 A6L2.0TFSI 轿车出现冷车无急速易熄火的故障。

检测与修理

用检测仪检测发动机控制系统,读取故障码:04767(P129F)——低压燃油系统压力,12408(P3078)——急速控制节气门位置性能。

查看维修记录,可知该车的废气阀、汽油滤芯均更换过。清洗节气门体(节气门体较脏),并用仪器进行节气门体的基本设定(060 通道号)后,起动发动机,急速运转正常,但 04767 的故障码仍然不能清除。读取数据流,观察数据流组号 103 中的第一行低压燃油压力值,其数值始终为 11.5bar,不会变化,这说明显示的低压燃油压力偏高。起动发动机后,观察 106 组号的数据流,急速时的高压燃油压力值为 50bar 左右,急加速可达 90~110bar,说明高压燃油压力正常。于是更换一只低压燃油压力传感器,零件号为 06E 906 051J。更换后,故障码可清除,数据流显示正常,故障排除。

故障现象 2:一辆奔驰 E260,装配 271 型 CGI 缸内直喷发动机,行驶里程约为 20000km,客户反映该车发动机故障灯点亮并且启动时间很长。

㊀ 1bar=10^5Pa。

检测与修理

接车后先试车,该车起动机转动有力,但要启动 5、6s 后才会着车,就像刚起动时没有供油一样,着车后一切正常,但熄火后不好立即起动,起动后发动机故障灯点亮。行驶中低速正常,急加速或者高速时会有供不上油的感觉。

连接 Star-D 进行快速测试,读取 ME(发动机控制单元)的故障码,从故障码中可以看出该车主要是燃油系统出现问题,见表 7-1。

表 7-1 发动机控制单元的故障码

故障码	描述	状态
P000100	流量调节阀存在电气故障或断路	A+S
P008777	系统中的燃油压力过低,不能达到指定位置	A+S
P008A23	燃油低压回路中的压力过低,无信号变化,电平过低	A+S
P008877	系统中的燃油压力过高,有一个信号高于允许的极限值	S
P060A48	控制单元内的监控存在功能故障,控制存储器内存在一个故障	S
P008A21	燃油低压回路中的压力过低,有一个信号低于允许的极限值	S

奔驰 E260 燃油系统的特点为高低压系统结合,在所有工况下燃油供给都会以充足的压力将足量的燃油从油箱供至喷油器,燃油低压系统工作原理示意图如图 7-20 所示。燃油泵控制单元通过来自燃油压力传感器的电压信号检测当前燃油压力,并将此信号通过 CAN C(传动系统控制器区域网路)传送至 ME。ME 对燃油压力和负荷要求进行评估,燃油压力调节器将燃油压力限制为约 3.8bar。在燃油滤清器处有一个止回阀,其作用是在燃油泵关闭时将燃油压力保持一段时间,以确保下次顺利起动。

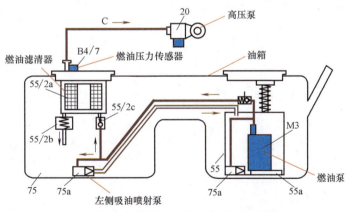

图 7-20 燃油低压系统工作原理示意图

燃油高压系统工作原理示意图如图 7-21 所示,燃油高压泵将燃油压缩至最高 120bar 的压力,在此过程中,油量控制阀限制供至泵元件的燃油量。燃油存储在燃油分配管中,ME 根据需要通过脉冲宽度调制信号(PMW)促动油量控制阀,燃油最终由喷油器以精细雾化方式喷入各燃烧室中。

进入 ME 读取数据流实际值,发现燃油低压正常,但是喷射时长远远超出标准

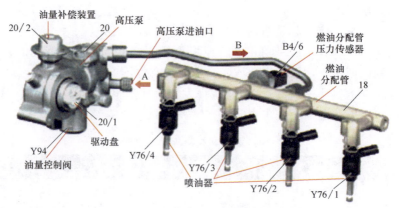

图 7-21 燃油高压系统工作原理示意图

值,油量控制阀没有促动。燃油分配管压力为低压回路压力,发动机进入紧急模式,喷油时间会相应地延长,从而增加喷射的燃油量,此时油量控制阀不工作。正因为紧急模式,所以着车时间会很长,发动机控制单元的实际值见表 7-2。

表 7-2 发动机控制单元的实际值

编号	描述	ME 实际值	更换高压泵后实际值	标准值
271	发动机转速	739r/min	749r/min	[650,850]
841	喷射时长	3.9ms	0.8ms	[0.5,1.2]
020	节气门角度	3.7°	4.2°	[1.0,5.0]
150	B28/7(节气门下游的压力传感器)	317.66hPa	305.88hPa	[200.00,400.00]
498	点火角度	18.4°	18.0°	[0,20.0]
452	进气温度	37.5℃	31.5℃	[10.0,35.0]
630	B28/6(节气门上游的压力传感器)	994.2hPa	989.0hPa	[800.0,1200.0]
886	Y58/1(净化转换阀)	1%	1%	[0,100]
201	燃油低压	6.0bar	5.0bar	[4.0,6.7]
349	燃油分配管压力(实际值)	4.0bar	61.1bar	[-5.0,15.0]
395	燃油分配管压力(标准值)	5.0bar	60.2bar	
768	Y84(散热器百叶片促动器)	0	0	
194	Y94(油量控制阀)	0	0.7A	[0.2,0.9]

注:1hPa=100Pa。

产生该故障的原因可能是低压油路及燃油品质故障、高压油路故障、高压泵故障、线路问题或 ME 故障等。询问客户得知,在故障出现前后没有加过油,基本可以排除油质问题。连接油压表,测量低压为 6.0bar,在正常范围内,熄火一段时间后油压保持不动,说明油路低压侧正常。查找 WIS 电路图(图 7-22)。

测量 ME 到高压泵油量控制阀线路的阻值为 0.4Ω,正常。观察插头插针没有氧化腐蚀现象,插针无松动接触不良等。接着按照故障引导用 ECU 对高压泵进行测试,发现高压侧不正常。

模块七 缸内直喷发动机的结构及工作原理

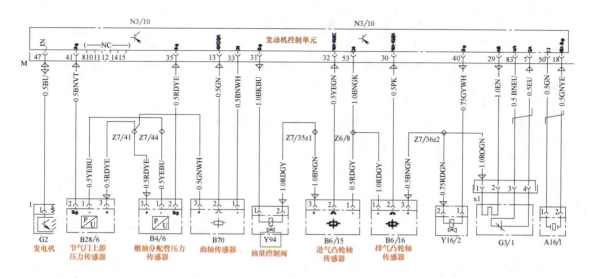

图 7-22 WIS 电路图

按照引导，用万用表测量油量控制阀的内阻，测量结果为 3.5Ω，正常。故障点缩小至高压泵故障或 ME 控制故障，发动机尽管进入了紧急模式，但因为没有关于 ME 损坏方面的故障码，所以推断 ME 损坏的可能性很小。高压泵拆卸比较麻烦，为了排除 ME 故障，与试驾车上互换 ME 进行测试，故障依旧。于是判断为高压泵内部故障，不能建立高压，导致油量控制阀不被控制，造成启动时间长。准备更换高压泵，更换后清除故障码，再次启动车辆，发动机启动迅速，进行路试一切正常，连接 ECU 读取 ME 的数据实际值正常，见表 7-2。

参 考 文 献

[1] 明光星,李晗. 汽车发动机电控系统原理与检修一体化教程 [M]. 北京:机械工业出版社,2013.
[2] 廖曙洪,曾文. 汽车发动机电控系统检修一体化项目教程:[M]. 上海:上海交通大学出版社,2013.
[3] 林平. 汽车发动机电控系统构造与检修 [M]. 北京:人民邮电出版社,2011.
[4] 许建强,张佳裔. 汽车发动机电控系统与检修 [M]. 北京:机械工业出版社,2014.